曾经，有一对小伙伴
郑小乐和关小豪
就像两条不同端点的射线
他们在某个点交会
然后渐行渐远……

海马爸爸教你开口不凡的本事

眼前的人是郑小乐吗？

关小豪不敢相信自己的眼睛。

GUANXIAOHAO 讲台上的小乐意气风发，

哪里还是从前的"闷葫芦"！

三年前，郑小乐转学到关小豪所在的班级。

小乐低着头，手紧紧地攥着书包，

自我介绍
说得很小声，

相当长的一段时间里，同学们都不知道他叫什么名字，

只叫他"闷葫芦"。

班级在这次的校园辩论大赛上最终失利了，

同学们把原因归咎在小乐和小豪身上。

小豪 竟然在临上场前玩消失，

XIAOHAO 而小乐，被对手围攻却不懂得反击。

夜深人静，小乐躺在床上睡不着，

"郑小乐那个闷葫芦，怎么能指望他呢！"

这句话在他脑海中挥之不去。

于是，他做了一个决定：改变自己！

GAIBIANZIJI

清晨，海马爸爸带领着一群孩子，

终于爬上山顶。

他们朝着大山呼喊，

郑小乐 用最大的力气喊道：

ZHENGXIAOLE "大山你好——我是郑小乐——"

声音一直在山谷中回荡。

关小豪 被老师叫到办公室，
GUANXIAOHAO 老师希望他能报名参加这次的全国中学生演讲比赛，

关小豪说出了真相：

"我一比赛就肚子疼，报了名也没法上场，

之前的辩论赛就是这么输的。"

时间 回到现在，比赛结束，

SHIJIAN 关小豪找到郑小乐：

"嗨！小乐，好久不见。"

他还欠小乐一个解释，小乐却反倒感激小豪。

他说："正是那次经历，让我痛定思痛，

才有了今天的我。"

海马爸爸金典教育 01

少年演说家

HAONIAN YANSHUOJIA

海马爸爸任二林　著

中国铁道出版社
CHINA RAILWAY PUBLISHING HOUSE

我送孩子学演讲

家长 韩振红

　　海马爸爸说，"孩子的成长就意味着家庭要成长，想要你的孩子成为精英，首先爸爸妈妈要学会如何陪伴精英成长。"理解了这句话，才知道自己需要学习，海马爸爸是我家庭的灯塔，指引我们躲开礁石，顺利航行！

家长 李影

　　看着群里大家发出来的视频和照片，眼泪也不知不觉地流出来。从最初的网络里看见您，到对您的认可，从您对孩子的态度，孩子们的改变，还有我近两年的和您接触，我知道是您改变了孩子，改变了一个家庭，让孩子重归自我……

本书所有图片来源于"少年演说家"活动现场

家长 王慧艳

　　海马爸爸有一种人格魅力深深地吸引着我，让我和孩子们一样"爱"上了他，愿意去接近他，感受他，我想学习他身上的这种"魔力"。今天我庆幸自己当初的选择，说是为了孩子去学习，获益最大的是我自己，但反过来我的成长将会影响孩子的一生。

家长 李金玲

　　海马爸爸对孩子的陪伴是我学不完的功课，简短话语里蕴含智慧的引导和推动，我多么想让自己拥有这个本领啊！所以，就像有一个妈妈说得那样：和海马爸爸学说话！学习教育孩子的理念和方法，和孩子一起快乐享受青春期！

我做少年演说家

学员 王旭

可能在没有见过海马爸爸的人的眼里，觉得他和其他的心理咨询师一样，很严肃，有一种拒人千里之外的感觉，但是如果你和他见一面，哪怕只待上20分钟，你就会发现海马爸爸有一种魔力，会让你瞬间"喜欢"上他。你会和他有说不完的话。

学员 王丽

在海马爸爸"少年演说家"的课程中，我学会了很多，比如勇于去表达，勇于去想，大胆地去说，放下所有的面子，口语表达能力也得到了大大的提升。曾经的我，虽然活泼，但是，不善表达。这个课程，让我学会了表达与放开自己。

本书所有图片来源于"少年演说家"活动现场

学员 高学琦

如果说，父母是给予我生命的人，那么海马爸爸就是再塑生命的人，给予我心灵的洗礼与慰藉。时光荏苒，岁月的光辉照亮大地，而海马爸爸照亮了我的人生，使我在通向人生巅峰的路途中渐行渐远，谢谢！谢谢您这么久的帮助！

学员 刘雨峥

虽然我和海马爸爸相处的时间并不多，但仅从那几天的课程和相处中，我能感受到海马爸爸对我们的关心、疼爱，以及那种真心想去帮助我们的感情。最喜欢的活动应该是少年演说家，在参加这个活动之前我没有勇气也没有机会能在这么多人面前进行一次演讲，表达自己的感情，是海马爸爸给了我这样一个机会，锻炼了我的表达能力。

自序
ZIXU

开口说话

开口说话，跟长相没关系，譬如马云、俞敏洪，但是却能够帮助你达成自信、勇敢、上进，这是二十年后成为精英、领袖、开创者的第一要素。

这是一本给未来想成为精英的孩子的书，是海马爸爸家教金典系列之一，用以帮助孩子开发情商，提高智商。它首先是孩子心灵的导师，其次才是打开嘴巴说话的工具。

我的母亲不会说话，却教会我成为了一个能够站到讲台上的演说家。这不是一个奇迹，而是在自然成长中有迹可循的奇妙历程。小时候，母亲的一个眼神、手势或者一个动作都会传达给我引导或者是爱。三十年努力学习以及上千场演讲报告历练告诉我，语言从心而生。

孩子是否愿意跟你沟通，沟通的表达是否礼貌得体？这表现在孩子从心灵深处到语言的自然流露，希望这本书可以带给孩子们以启发；孩子的学习意识、社会认知偏差从这里可以得到帮助和修复；从原来在公众场合或站到讲台上不敢大声讲话唯唯诺诺，变得不再胆怯羞涩，而是大方发言魅力四射；他的表达能否妙语连珠而不是陈词滥调，取决于说话的技巧与技能！

打开嘴巴，从心而生，发自眼神，配合肢体，要成为一名卓越的演说家，需要从小引领养成！

目录
MULU

目录
MULU

硬功夫篇
用全身心去诉说

目录
MULU

目录
MULU

目录
MULU

准 备 篇

不打无准备之仗

每一场精彩的演出，背后都有一群默默付出的人。

同样的，每一场轰动的演讲，也离不开一个拼尽全力的你。

开始演说之前，整理好我们的思绪，构思好演讲的内容，

精心准备，只为赴一趟万众瞩目的征途。

我要演讲

——演讲成就人才

我们为什么演讲？我能说得好吗？把你心中的这些疑问暂且收起来，海马爸爸将带你一起打开新世界的大门。

演讲与生活

01 *YANJIANG YU SHENGHUO*

演讲知识窗

演讲是演讲者在特定的现实环境中，运用有声语言和无声语言，针对现实社会中某一问题或围绕一个中心，面对听众发表意见、抒发情感，从而影响和感召听众的一种现实信息交流活动。

故事会

以口才论人才

▼

在中央电视台《对话》节目全球大调查问卷中有这样一个问题·"您认为在未来十年中最有竞争力、最有希望成功的人应具备哪些素质？"调查的结果是，26位商界巨子无一例外地选择了交际能力、交流能力、公关能力等与演说密切相关的词汇。商场如战场，"一人之辩重于九鼎之宝，三寸之舌强于百万之师"，一流的口才已经成为驰骋商场的制胜法宝。

不仅在商界，演讲在政坛同样是举足轻重。英国首相丘吉尔曾说："一个人可以面对多少人，就代表这个人的人生成就有多大！"

孙中山先生通过公众演说，发起十余次革命起义，最终推翻封建君主制！

毛泽东主席通过公众演说，集结全国各界爱国力量，最终建立新中国！

美国总统奥巴马通过公众演说，宣扬治国理念，最终成为了美国历史上的第一位黑人总统！

有人把当今社会称之为"全面公共关系时代"，西方人则将"口才、金钱及电脑"称为国际斗争的"三大战略武器"。演讲与口才正逐渐成为一种生存技能，成为在激烈的竞争中脱颖而出的关键。

海马爸爸演说能量
演讲实现的过程
▼

演讲，又叫演说或讲演。广义上说，凡是以多数人为对象的讲话都可叫演讲。一般来说，是指就某个问题面对听众发表意见的一种口语交际活动。在特定的时空环境下，演讲者通过有声语言和相应的体态语言，公开传递信息，表达见解，阐明事理，抒发感情，以达到感召听众的目的。

实现演讲，不仅要对所选演讲稿进行修正，对自己言行举止进行规范，同时还需要更高的学术造诣。将自己需要传达的思想利用自己的阅历，包括故事、笑话，甚至眼神和动作，微妙地潜移默化地传达给每个听众并深入他们内心。

实现演讲，必须具备五个要素：演讲者、听众、内容、载体（有声语言、无声语言）、时境（时间与环境）。

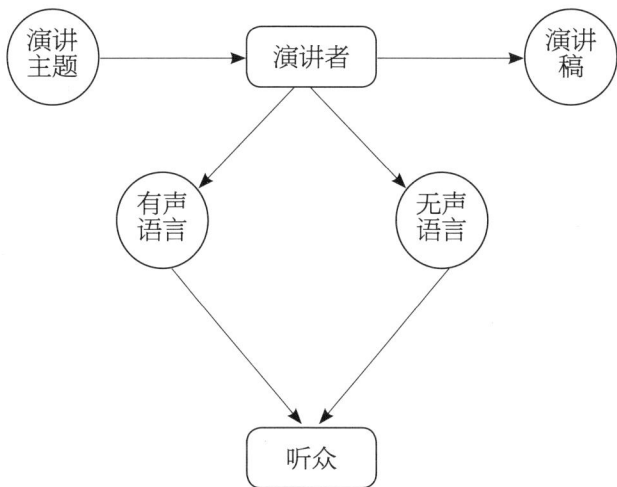

小试身手
能力小测试
▼

下面有十道小题，请大家根据自己的真实情况快速作答，回答"是"记1分，回答"否"则不计分。

1.在你跟别人对话时是否愿意直视对方的眼睛？

2.你说话时是否喜欢用手势？

3.你是否爱发表自己的观点？

4.你是否喜欢把有趣的事情跟他人分享？

5.你在思考时，头脑中是否会经常浮现出相应的画面？

6.你能否用简洁的语言解释一个复杂的观点或介绍一种复杂的原理？

7.你是否经常帮助他人更清楚地理解事物？

8.你是否有过带领一群人让大家变得更优秀的想法？

9.你是否曾想过更精彩地展示自己？

10.刚才你是否把所有的题都听得清楚并做了准确的反应呢？

现在，来统计一下你的得分情况吧。如果你得了7分甚至更高，恭喜你，你未来很有可能成为一名出色的演说家。你可能天生已经具备很多演说潜质，也可能已表现出强烈的学习演说欲望哦。

如果你得了6分或者更低，没有关系，这并不表示你不具备演说家的天赋，只是说明你缺少这方面的参与、训练，或者暂时演说的状态不佳。只要勤加练习、潜心学习，后来居上也不是不可能的。

没有天才
② MEIYOU TIANCAIDE YANSHUOJIA
的演说家

演讲知识窗

学会演讲要做到"五勤"：勤看、勤记、勤讲、勤练、勤总结。
优秀的演讲要做到"四真"：真人、真事、真理、真情。

故事会
演讲大师也曾屡战屡败

▼

戴尔·卡耐基被誉为20世纪最伟大的心灵导师和成功学大师。卡耐基生平以演讲闻名，他可能是历史上演讲次数最多的人，但他并没有演说的天赋。

卡耐基18岁时，就读于密苏里州华伦斯堡的州立师范大学，他发现校园里的风云人物，不是校队里的明星球员就是演讲赛中的常胜将军。他知道自己运动方面很差，便决心在演讲赛中一鸣惊人。然而参加了12次比赛，却屡战屡败。30年后，卡耐基谈及第一次演说失败时，还以半开玩笑的口吻说："是的，虽然我没有找出旧猎枪和与之相类似的致命东西来，但当时我的确想到过自杀……我那时才认识到自己是很差劲的……"

虽然痛苦不堪，他却从未想过放弃，他发现，自己一次比一次讲得好；他也发现，只要他充满自信，而且心中有一股炙热的意念的话，即使口才笨拙，一样能说得生动感人。

练习、参赛、失败、再练习，终于在1906年，卡耐基做了一篇以《童年的记忆》为题的演说，这次演说取得了前所未有的成功，他还凭此获得了勒伯第青年演说家奖，这份讲稿至今还存在瓦伦斯堡州立师范大学的校志里。

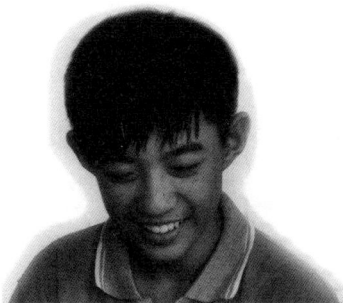

海马爸爸演说能量

内向者演讲训练
▼

内向的人，并不代表性格上有缺陷。事实上，一名内向者拥有外向者无法比拟的某种优势。世界上有多少内向者，各种研究得出的结论大不相同，有说25%的，有说50%的，甚至有说57%的人是内向者。没人能准确获知，在总人口中到底有多少内向者，但在有天赋的人中，内向者居多。

内向者喜欢独处，并不表示他们不善交际，只是与别人在一起时，他们沉默寡言，倾向于聆听别人，不像外向者那样非常活跃，总能成为人群中的焦点。

许多科学家、艺术家和作家都是内向者。独处让他们有更多时间去思考，在自己的专业领域不断探索。同时，许多艺人和传媒工作者也是内向者，如茱莉亚·罗伯茨、梅格·瑞恩、汤姆·汉克斯……因此，内向者无法很好地与大众交流，其实并无依据。

综上所述，无论性格内向者还是外向者，只要努力都能学会演讲。

Tips：八招练就演讲高手

第一招　练胆与情

第二招　练呼吸

第三招　练发声

第四招　练语调、语气

第五招　练措辞手法——演讲稿

第六招　练态势

第七招　练风格

第八招　练演讲实践——控场、应变、应用

我向名家学演讲
德摩斯梯尼苦练成才
▼

我们知道德摩斯梯尼是古雅典十大演说家之一，却不知道他天生口吃，嗓音微弱，还有耸肩的坏习惯，看起来没有一点当演说家的天赋。他最初的政治演说是很不成功的，由于发音不清，论证无力，多次被轰下讲坛。为此，他做了超出常人几倍的努力：他抄写了《伯罗奔尼撒战争史》8

遍；为了改进发音，他把小石子含在嘴里朗读，迎着大风和波涛讲话；为了去掉气短的毛病，他一边在陡峭的山路上攀登，一边不停地吟诗；他在家里装了一面大镜子，每天起早贪黑地对着镜子练习演说；为了改掉说话耸肩的坏习惯，他在左右肩上各悬挂一柄剑，或各悬挂一把铁叉；他把自己剃成阴阳头，以便能安心躲起来练习演说。

据说德摩斯梯尼以口含小石子等方法一直刻苦练习演说近50年，正是多年的努力练习与从不轻言放弃的决心，最终使他成为了雅典最为雄辩的演说家。

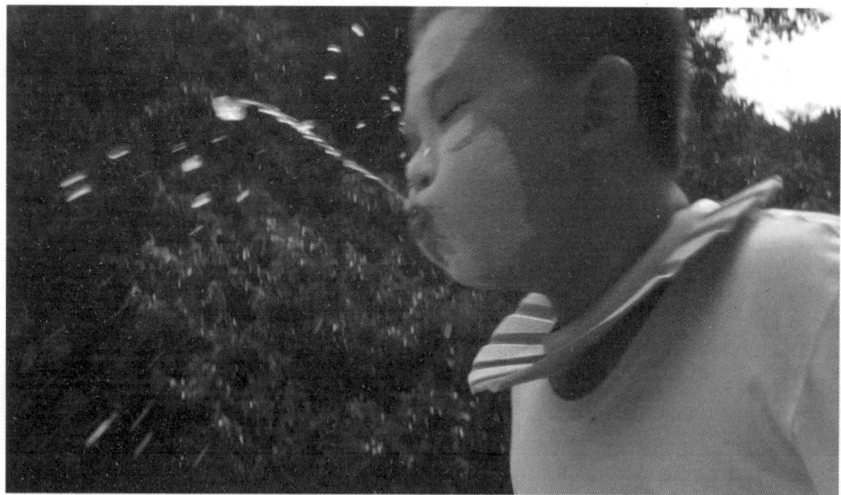

站在台上
③ ZHANZAI TAISHANG CAISHI QINGCHUN
才是青春

演讲知识窗

少年人学演讲比成年人更有优势。首先，少年人处在学习的最佳阶段；其次，某些坏习惯刚刚养成，容易矫正；再次，少年人比成年人更能承受失败，年轻，代表着无限可能。

故事会
不负青春不负掌声
▼

文锦是个很漂亮的姑娘，爸爸担心她被坏人骗，从小就教育她："女孩子在公共场合要少说话。"所以文锦在学校里总是很少说话，她总是躲在角落里，特别害怕别人注意到她。其他同学开玩笑说她是花瓶，中看不中用。文锦听了，心里很不是滋味，她需要一个机会，一个向大家证明自己的机会。

每周一次的班会上，大家像往常一样围绕一个话题进行讨论，这次的主题是"我们的财富从哪里来"，正当大家争辩不休的时候，一直没有说话的文锦大步走上讲台，字正腔圆地说道："我们最大的财富就是我们的精神和心灵，只有你能够听到自己心灵的声音，你才能够找到真正的自我，还有每一个人都需要的正能量。"

文锦的声音清脆响亮，非常好听，同学们都愣住了，随后班里爆发出雷鸣般的掌声。这掌声是送给文锦的发言，也是给她的勇气。

文锦说："是老师的话触动了我，老师告诉我，'生活对待每一个人都是公平的，你这样躲着能躲一辈子吗？你不走出来，别人就看不到你，难道你甘心做一辈子花瓶吗？'我思考了很久，觉得我还是要试一试，看样子，我成功了。"

海马爸爸演说能量
演讲从少年学起
▼

如今越来越多的人开始重视演讲与口才，有些人为了推销自己或是产品；有些人为了宣传环保和慈善等公益；有些人为了传授技能和知识……这些似乎都是成年人的事业，功成名就、社会责任，这些对于少年人来说太过遥远，而评价少年人一贯是以成绩论英雄。果真如此的话，那么请想一想校园里最受关注的是哪一类人？答案是在各项活动中崭露头角的积极分子，他们在舞台上光芒万丈，让人的目光不自觉地被吸引。想要成为校园里的积极分子离不开好的口才，这可以说是少年学习演讲的必要性。

另外，少年人学演讲比起成年人有着太多的优势。首先，少年人处在学习的最佳阶段，记忆力、模仿能力极强，掌握起技巧来要事半功倍；其次，某些坏习惯才刚刚形成，修正起来要容易得多；再次，少年人不需要害怕失败，失败了可以再来，而成年人面临的生活压力不允许他一而再、再而三的失败。年轻，代表着无限可能，可以尽情去尝试，去挑战，不求成功，但求无悔。

贝多芬只有一个

▼

在贝多芬还未成名的时候，他像所有有着音乐梦想的人一样向往着维也纳。他孤身一人来到维也纳，住进一家小旅馆，但人生地不熟，不到一个月就囊空如洗。旅馆老板是个锱铢必较的老头，他提醒贝多芬："你的寄宿费已经所剩无几了，如果再不交费，过几天我只好把你撵到大街上去了。"贝多芬走投无路，只好恳求老板允许他留下来干点活抵住宿费。房东一听，冷笑着说："对不起，我这里不是教堂，也不是慈善救助的地方。我只认识钱，有钱，您在这里住一百年都没问题；如果没钱，那就请你离开！"站在一旁的老板娘也讥讽道："你不是自认为是音乐天才吗？如果你确实有一手的话，大可以去求李希诺夫斯基亲王，他可是个慧眼识珠的阔佬，你只要赢得他的赏识，别说是用餐、住宿，一切都会有的；如果不能被他赏识，就乖乖滚回你的老家待着去，维也纳也不是谁想留下就可以留下的！"

　　贝多芬只好硬着头皮去拜访这位王爷，也幸运地得到了这位王爷的赏识，亲王许诺说："年轻人，只要你照我说的去做，要不了多久，你就会成为维也纳这个音乐圣地的新星的，你将拥有你梦想的一切！"贝多芬在亲王的帮助下，衣食无忧，还结识了很多社会名流以及著名的音乐家，但李希诺夫斯基亲王对音乐略知皮毛，却自以为是行家高手，常常对贝多芬指手画脚，逼迫贝多芬按照他吩咐的来，否则就大发雷霆。贝多芬越来越感到痛苦不已，如果不按照亲王说的做，他将失去在维也纳的一切庇护和生活来源；但如果逆来顺受，他将渐渐沦为一个音乐的庸才。

　　一天，贝多芬忍不住对亲王说出了自己的看法，亲王一听，顿时大怒，怒吼道："没有我的庇护，你仍将一文不名，不过就是个流浪街头的穷小子而已！没有我的帮助，你别说成为什么音乐界新星，就连成为一个普通艺术家都不可能！你是想在我的亲王头衔护佑下成为音乐家，还是想重新流浪街头，你自己选择吧！"

　　面对不可一世的亲王，贝多芬也不甘示弱，他说："您之所以成为亲王，是由于偶然的出身；而我之所以成为贝多芬，却是由于我自己。亲王现在有的是，将来也有的是，而贝多芬却永远只有一个！"

　　贝多芬只有一个，你也只有一个，只有把自己看得独一无二，才能为自己的人生负责，把自己的人生活得更加精彩和与众不同。

演讲小练习：假如你迷路了，找不到回家的方向。你很着急，你答应姥姥五点半到家，现在五点二十了。她今天特意从老家赶来看你，你从小在姥姥家长大，现在已经有半年时间没见面了，你身边没带手机，周围的人和事物，你都很陌生，也不知道安全不安全，你觉得害怕，没办法你只能向陌生人求助。

　　你会选择一个怎样的人求助，如何进行求助？你终于问清楚回家的路，非常高兴，你很感谢这个陌生人，要给他一个爱的抱抱，你会怎么表达呢？

PART 2

少年演说家

写好讲稿

——设计演讲内容

　　站上讲台，面对台下目光殷切的观众，你最想说的是什么，把它们写下来。要如何谋篇布局，听海马爸爸为你娓娓道来。

意在笔先，
01 *YIZAIBIXIAN,QUEDING YANJIANG ZHUTI*
确定演讲主题

演讲知识窗

主题，也叫主旨、观点、中心思想。就是演讲者通过全部演讲内容所表现的一种思想或意向，又是全部演讲稿组成成分的"灵魂"。

故事会
拒绝做"笼统哥"

▼

陶行知先生是我国著名的教育家，他曾经这样教育学生："有一个人无论是说话还是做事都非常笼统，我们都叫他笼统哥，他无论回答任何问题的时候，都会说一些笼统的、不确定的话。比如有人问他：'你今年多少岁了？'他说：'几十岁了。'再问：'你有几个儿子？''好几个。''一个月能挣多少钱？''不多。''家住在哪里？''不远。'如果我们说话办事都像笼统哥一样，那么就什么问题都解决不了了。"演讲也是如此，如果不能清楚地表达自己的想法，说得模棱两可，听众听得云里雾里，自然称不上好的演讲。

海马爸爸演说能量
确定演讲的主题
▼

演讲稿写作与文学创作有所不同：文学创作若先定主题易导致公式化、概念化，形成"主题先行论"；而演讲稿写作则动笔前必须把主题确定下来，并在它的统帅下调动材料、安排结构、运用语言、形成文稿。确定主题应注意以下六点：

要科学、正确

你确定的思想、意向要符合规律、接近真理。

要符合时代精神

要跟上当前的形势，又要有时代的前瞻性，与时俱进。

要积极、进取

这种思想、意向要具有鼓动力、催人上进力，使其积极行动起来。

要富有建设性

在已有的成果基础上再增添些东西，使之更有效。不要单纯地否定、破坏，这也指责那也批驳，至于应该怎么做，什么才是对的，则不了了之。

要旗帜鲜明

演讲的主题要鲜明、突出。演讲者的爱憎态度从中要明显地表现出来，不要含糊不清，欲言又止。

要集中、单一

一篇演讲稿只能集中地讲述一种思想或意向，什么都讲只会导致什么都讲不清楚。

海马爸爸演说能量
确定演讲的标题
▼

2008年我当选为北京奥运会火炬手后，以奥运火炬手的身份在全国各大专院校进行大型激励演讲，当时我以"是谁点燃我心中的圣火"作为演讲标题，"圣火"二字一语双关，意在用我的成长历程和奥运情缘点燃学生们的学习激情和人生梦想。

演讲稿的标题即是演讲稿的题目，"立文之道，唯字与义"。确立标题要做到以下三点：

第一，尽快引发听众兴趣的字与词。

第二，立即点燃听众内心的感觉与热情之火。

第三，迅速与听众达成共鸣和思索。

常见标题样式	演讲标题示例
直接揭示主题式	孙中山的《中国绝不会灭亡》 亨利的《不自由，毋宁死》
提出问题发人深思式	蔡畅的《一个女人能干些什么》 罗素的《我为什么不是基督徒》

续表

常见标题样式	演讲标题示例
形象概括主题式	郭沫若的《科学的春天》 林肯的《裂开的房子》
概括演讲内容式	鲁迅的《对左翼作家同盟的意见》 莫洛托夫的《悼念高尔基》
交代场合背景式	廖仲恺的《史坚如烈士揭幕仪式演讲词》 恩格斯的《在马克思墓前的讲话》

我向名家学演讲
周恩来补充发言力挽狂澜
▼

　　1955年4月18日，第一次亚非会议在印度尼西亚万隆市召开，共有29个亚非国家的约340名代表出席了会议。美国千方百计阻止中国参加此次会议，甚至还发生了"克什米尔公主号"爆炸事件。在大会的发言中，一些亲西方国家的代表受挑唆叫嚣所谓"共产主义的威胁"。会议气氛十分紧张，若此时中国代表的发言无法令人信服，结局只能是不欢而散。

　　面对如此严峻的形势，周总理临时决定将原来准备的发言稿改为书面散发，而作即席补充发言。这篇讲话的主题是求同存异，周总理说，中国代表团是来求团结而不是来吵架的，是来求同而不是来立异的。讲话的主题是周总理审时度势后，针对听众的情绪提出的，此语一出，受到各国代表的认同，既彰显了中国的大国风度，也打消了亚非国家的顾虑，粉碎了帝国主义的阴谋。

聚沙成塔，
02 JUSHACHENGTA,SUCAIDEJILEI
素材的积累

演讲知识窗　　演讲稿的材料是指客观存在的一切人、物、事、景、情、理等。不管古今中外，也不管历史的、现实的还是具体的、抽象的，凡可作为演讲写作对象的都可称为材料。

故事会
放长线，钓大鱼
▼

　　1995年，深圳海关拍卖一批无主货物，其中有1万只全是左脚的耐克皮鞋，无人竞标，唯一的竞标人李某便以奇低的拍卖价买下了它。巧合的是，1996年，在蛇口海关已存放了一年的无主货物——1万只全是右脚的耐克皮鞋急着处理，李某得知消息后以残次旧货的价格将这批右脚鞋拉出了海关。加上之前库存的左脚鞋，他赚了一大笔钱。

这次无关税贸易，更使李某作为商业奇才上了香港《商业周刊》的封面。现在他作为欧美13家服饰公司的亚洲总代理，正力主把深圳的某条街变成步行街，因为在这条街有他的12个店铺。

不得不佩服这位商界奇才放长线、钓大鱼的长远眼光，李某善于发现、积累，然后等待机会，一举成功。

海马爸爸演说能量
演讲稿选材原则
▼

材料是演讲者长期通过直接（亲身经历、体验的）或间接（通过书刊等传播手段）方式获得的。平时搜集起来的原始材料，往往是感性的、不系统的，不同的材料能说明不同的问题，同一则材料也可以从不同的角度去解说。因此，在写作演讲稿的时候，就需要对材料进行选取。演讲者所掌握的这些材料中，一篇演讲稿中也许只能用其中一小部分，一则材料在撰写时也不必要都写进去，而是根据主题的需要，经过选择、加工、提炼之后，再写进演讲词。

总之，搜集材料时要"以十当一"，越多越好；运用材料时则要"以一当十"，越精越好。写好一篇演讲稿，既要懂得材料如何选取，又要懂得如何加工材料。

材料选取三要	材料加工三不要
符合主题，因果关系明显	过度拔高，硬往主题上靠

材料选取三要	材料加工三不要
真人真事，讲述自己的切身经历	过于简单，缺乏真实细节
新鲜有趣，能够引起听众兴趣	桥段老套，刻意煽情

小试身手
一起来打假
▼

例 1

某企业一场关于无私奉献的演讲比赛上，一位选手讲道：

我们的车间主任王东海，是去年十一结的婚，他本来请了半个月的婚假，和妻子相约一起蜜月旅行。可就在他快结婚的时候，车间突然有了紧急的生产任务。他毅然把所有的精力都投入到了生产当中：结婚前，他把婚礼的一切事情都交给爱人，自己却埋身车间；婚礼的第二天，他便又出现在了工作现场，计划已久的蜜月旅行无限期推迟……

他讲到这里，台下竟有很多人在窃笑。原来演讲中提到的王东海是想去旅行的，可那时候老主任突然生病住院，车间主任的位置悬空，他是为了争这个官，才决定加班的。

王东海放弃蜜月旅行而加班的事是有的，可他却不是为了"无私奉献"。这位演讲者歪曲了事实，自然会让人觉得假，无法感动他人。

例 2

学校里举办了一场师德演讲比赛，一位老师讲道：

那一天下着瓢泼大雨，而我也生病了，浑身乏力。这时我突然想到了自己答应了去给一个学生补课。我挣扎着想要出门，爱人说："别去了，雨太大！"我说："不，我要去。从当教师的那一天起，我便已经下定决心将自己的一切都奉献给教育事业，即使吃再多的苦，受再大的累，也决不能对自己的学生失信，不能把学生的功课落下！"当我冒着大雨赶到学生家的时候，浑身都湿透了。我的学生还有学生的家长，看到这一幕，感动得热泪盈眶，连话都说不出来……

这位老师确实有过带病冒雨为学生补课的经历，可哪有人跟自己的爱人说话也像喊口号、表决心一样呢？老师冒雨赶来，学生和家长都很感动，这可以理解，但至于"连话都说不出来"吗？这样过度拔高言行反而令她得了低分。

例 3

某领导关于救灾抢险的会议讲话：

几年前，我们县曾发生过一场大风灾，一些树木和房屋被刮倒。在抗灾后，县里组织了一次演讲。一位演讲者讲道："我们的任务是清理路障。几里长的公路，原本整齐栽种在两旁的树木横七竖八地倒在公路上。

当时，我们人员少，所有的设备也不过是几辆大卡车，刮断的树木全要靠人力装卸。上级给我们的时间只有一个下午，任务太艰巨了！可是此时，我的脑海中闪现出许多英雄人物的事迹：大庆铁人王进喜，他们的条件比我们还要落后，可他们手拉肩扛运设备；钢铁战线的老英雄孟泰，为恢复生产，翻遍废铁堆回收材料，建成'孟泰仓库'……和他们比起来，我们这点困难算什么！

演讲者声情并茂，可听众却并不买账，遇到困难，脑中浮现英雄人物，这在以前的很多文学作品或影视作品中都曾出现过，可现实生活中，这样的事情却极少发生。这样的艺术加工使得材料情节听起来很假。

例4

学校的读书演讲比赛，某同学举了这样一个例子：

我们舍长，原本不爱说话。后来家长为她购买了一套口才书籍，我们经常看到她一个人安静地坐在自己的位置上翻看。后来学校举行了演讲比赛，她也报名了，更让我们吃惊的是她竟然一举夺得第二名的好成绩。前几天，我们宿舍的一个女生失恋了，很是痛苦。我们纷纷安慰她，都不见效果。这时，舍长走了过来，为她端了一杯水，让她休息，安抚她的情绪。第二天，她把那个女孩拉了出去，在门口低声说了些什么，女孩满眼泪水地听着，偶尔点头。舍长通过自己智慧的言语，使失恋的女孩走出阴影，恢复了往日的生活。

一个原本不爱说话的人，看了两天书，马上就夺得了演讲比赛的第二名，马上就能言善辩地安慰人，什么样的书能有这么神奇的效果呢？如果演讲的这位同学能交代一下，舍长是在购买书籍半年以后才参加的演讲比赛，且期间经常一个人按照书上的方法进行练习；如果她能交代一下舍长对那个女孩说话的具体细节，材料也就不会显得这么假了。

我向名家学演讲

乔恩·法夫罗准备万全一战成名

▼

乔恩·法夫罗是白宫有记载以来最年轻的首席撰稿人，奥巴马的竞选口号："Yes，we can!"就是他想出来的。在奥巴马竞选期间连续两个月乔恩·法夫罗每天工作近十六个小时，他钻研奥巴马的演说模式，不但熟记奥巴马的民主党大会演说，据说连奥巴马自传《来自父亲的梦想》都随身携阅，也因此成为奥巴马口中"能读我心"的人。法夫罗还花费数周时间进行调查研究，他和同事们遍访史学家、演讲专家，也参考历任总统的就职演说。

除了做好充分的材料准备，法夫罗也会考虑到很多突发因素。他为奥巴马准备了两篇大选演讲稿：一篇为庆祝胜利，另一篇则为落败而备。

最终定稿便是那篇振奋人心的《芝加哥，你好》。演讲稿中法夫罗选择用一个106岁黑人老妇的一生来见证美国百年荣辱沧桑的历史，来说明"无论是奴隶制时代、经济大萧条时期、二战期间，美国人民都能在心痛中充满希望，在挣扎中取得进步，战胜一切困难，最终胜利"这个观点，极具感染力。

先声夺人，
不一样的开场白

03 XIANSHENGDUOREN,BUYIYANG DE KAICHANGBAI

演讲知识窗

开场白即演讲开头的引言。演讲的开场白有两个原则：一是
吸引听众，二是引入正题。

故事会
一波三折的贺寿诗

▼

大家还记得《铁齿铜牙纪晓岚》里巧舌如簧的纪先生吗？有一次，他
给一个富贵人家的老太太题诗贺寿，第一句写道："这个婆娘不是人，"
此语既出，举座失色。纪晓岚马上又写出了第二句："九天仙女下凡
尘。"老太太的儿孙们见了，转怒为喜。纪晓岚不慌不忙地又写出第三
句："儿孙个个都是贼，"围观的人们看了再次哗然。只见纪晓岚自信地

笔锋一转，写出了最后一句："偷得蟠桃奉至尊。"围观的人这才把悬着的心放下。

文似看山不喜平，如何引起听众的兴趣，是我们演讲首先要考虑的事情。而开场白是否成功，在很大程度上影响着演讲的成败。

海马爸爸演说能量
开场白的不同形式

▼

精彩的演讲开场白，是演讲者与听众的一座引桥，是演讲者与听众建立初步友谊的纽带，它在整个演讲过程中起着不可低估的作用。演讲稿的开头写得好，就能沟通演讲者与听众的感情，集中听众的注意力，唤起听众的兴趣，从而使听众对演讲内容产生一种强烈的渴望感。

开场白主要有以下7种形式：

常用开场白	注意事项	示例
开宗明义型	一开始就用高度凝练的语言把演讲的基本目的和主题告诉听众。适用于庄重、正规的场合	我从17岁开始从事羽毛球运动，至今已经14年了。在这14年里，我有过成功的经验，也有过失败的教训；有过当世界冠军的喜悦，也有过败北的痛苦。今天，我不想炫耀自己如何"过五关斩六将"，而只打算认真地谈一谈"走城"。——韩健
幽默式	切忌低级庸俗的笑话或粗俗的语言	我今天不是来向诸君做报告的，我是来"胡说"的，因为我姓胡。——胡适

常用开场白	注意事项	示例
悬念式	第一，不要把人人都知道的常识性问题硬性转换成悬念； 第二，不要故意吊听众的"胃口"，在演讲中设置的悬念要及时解开	人从哪里老起？ 我看有的人从屁股老起。 某些干部不深入实际，整天泡在"会海"里，坐而论道，那屁股可遭孽了，又要负担上身的重压，又要与板凳摩擦，够劳累的了。如此一来。岂不是屁股先老吗？——杨端
故事型	故事要求完整，要有细节和主要人物，但切忌情节复杂、语言冗长	大家一定会记得这样一个传说吧：阿拉伯有个神奇的山洞，里面收藏了40个大盗偷来的金银财宝和珍珠玛瑙。只要掌握了一句咒语，洞门就会自动打开。有一天，一个叫阿里巴巴的人无意中知道了这句咒语，他打开了这个财宝之门，成为巨富。——《当我走进大学校门的时候》
引用式	第一，引用的材料要具有相当强的概括力、说服力和感染力； 第二，引用的材料出自权威、名人或听众十分熟悉的人物	美国黑人教育家本杰明·梅斯有句耐人寻味的名言："生活的悲剧不在于没有达到目标，而在于没有想要达到的目标。"——《让生命在追求中闪光》
强力式	运用夸张的手法对演讲内容或主题加以渲染。但切忌不能毫无科学依据地无限度地一味夸大，以免造成故弄玄虚、骇人听闻的演讲负效应	各位可知道，一只苍蝇在纽约一个玻璃窗上行走的微细的声音，可以用无线电传播到中非洲，而且还能使它扩大成像尼亚加拉大瀑布般惊人的声响。——美国某广播公司
抒情式	借鉴诗歌、散文形式，通过华丽的修辞和澎湃的激情，把听众引导到诗一般的演讲境界。但容易陷入空泛和抽象，初学演讲者要慎重选用	站在明净的长天之下，极目远眺经过人们长年耕耘而已安静憩息的广阔田野，那雄伟的阿勒格尼山脉隐约耸立在我们前方，兄弟们的坟墓就在我们脚下，我真不敢用我这微不足道的声音来打破上帝和大自然安排的这意味无穷的寂静。但我必须履行你们交给我的任务，因此请求你们施与我宽容和同情。——爱德华·埃费雷特

我向名家学演讲
冯骥才"脱衣服"
▼

　　1985年下半年，冯骥才应邀到美国访问。一天，旧金山中国现代文化中心邀请他去演讲。美国人参加这类活动是极其严肃认真的，必定是西装革履，穿着整整齐齐。对演讲者要求很高，必须是口若悬河，机智敏锐，而且要幽默诙谐，否则他们就不买你的账，甚至会纷纷退场。演讲即将开始，大厅里座无虚席。文化中心负责人葛浩文先生向听众介绍说："冯先生不仅是作家，而且还是画家，以前还是职业运动员。"

　　简短介绍完毕，大厅里一片寂静，只等这位来自中国的作家开讲。这时，冯骥才也很紧张，这台戏不好唱啊！只见冯骥才沉默了片刻，当着大家的面，把西服上衣脱了下来，又把领带解了下来，最后竟然把毛背心也脱了下来，然后慢慢说道："刚才葛先生向诸位介绍了我是职业运动员出身，这倒引发了我的职业病。运动员临上场前都要脱衣服的，我今天要把会场当作篮球场，给诸位卖卖力气。"说完全场听众大笑，掌声雷动。

我向名家学演讲

陶行知"喂鸡"

▼

　　有一次，陶行知先生在武汉大学演讲。他走上讲台，不慌不忙地从箱子里拿出一只大公鸡。台下的听众全愣住了。陶先生从容不迫地又掏出一把米放在桌上，然后按住公鸡的头，强迫它吃米，可是大公鸡只叫不吃。他又掰开鸡的嘴，把米硬往鸡嘴里塞，大公鸡拼命挣扎，还是不肯吃。最后陶先生轻轻地松开手，把鸡放在桌子上，自己向后退了几步，大公鸡反倒自己吃起米来了。

　　这时陶先生才开始演讲："我认为，教育就跟喂鸡一样。先生强迫学生去学习，把知识硬灌给他，他是不情愿学的。即使学也食而不化，过不了多久，他还是会把知识还给先生的。但是如果让他自由地学习，充分发挥他的主观能动性，那效果一定会好得多！"台下一时间欢声雷动，为陶先生形象的演讲开场白叫好。

锦上添花，
04 *JINSHANGTIANHUA,QIAOYONG XIUCI DIANZHUI*
巧用修辞点缀

演讲知识窗

"修辞"字面上可理解为"修饰言辞"，在使用语言的过程中，我们常会通过各种修辞手法来达到尽可能好的表达效果。

常见的修辞方法有：比喻、比拟、借代、夸张、对偶、排比、设问、反问、反复、衬托、用典、化用、互文等。

故事会
给你的演讲稿添点料

▼

看似普通的食材，经过大厨的加工之后就成了餐桌上美味的佳肴；看似杂乱的花草，经过园丁的修剪之后就成了庭院中美丽的盆景；看似平淡的衣料，经过设计师的剪裁之后就成了橱窗里夺目的华服……

演讲稿也是一样，需要加点作料。排比，让你的发言更有气势；比喻，让生涩的道理通俗易懂；对比，让观点更加突出；设问，让你与观众打成一片；夸张，让你的发言趣味横生……

演讲中的语言形式

▼

语言形式	分类	含义	示例
叙述	概括叙述	只对人物、事态做粗略的叙说，只着眼于全貌，忽略局部细节	他蹲在村口的石墩上，脸也面向着远方，抽着烟。
	详细叙述	这种叙述，比概括叙述具体生动，但又不及描述细腻感人，仍然只是着眼于人物或事态的整体勾画	他穿着那已经不大耐寒的棉大衣，蹲在村口那块历经沧桑的石墩上，早已不再灵活的粗糙的大手夹着自个儿卷的土烟，一阵风拂过，卷起的沙尘穿过他，他木刻一样的脸，慢慢抬起，面向远方。
	夹叙夹议	在叙述的同时，表明叙述者对人物、事态的立场、观点、态度，边叙说边议论，是一种事、理、情的高度结合，比起前面两种叙述方式更具有感染力和穿透力	他穿着那已经不大耐寒的棉大衣，蹲在村口那块历经沧桑的石墩上，早已不再灵活的粗糙的大手夹着自个儿卷的土烟，一阵风拂过，卷起的沙尘穿过他，他木刻一样的脸慢慢抬起，面向远方。而他的眼睛里的路程似乎比远还要更远。一个陕北的汉子，就这样，送了他的儿子，也送走了他所抱有的对这块黄土地的梦想。

续表

语言形式	分类	含义	示例
描述	现场描述	运用生动形象的语言，把人物、事件再现出来，给听众一种如见其人、如闻其声、如临其境的逼真感。即"情景再现"	举国同庆祖国六十华诞，浩瀚的人海中间齐刷刷笔直地走来了精神的中国人民解放军海军。蓝色的军装彰显威武的气势，整齐的口号"为人民服务"响彻天安门内外。蓝天白云映衬下，国旗在微风中飘荡。国歌在人民口中吟唱。无数中华儿女在这一天坚定了他们对祖国未来的期盼，对幸福生活的呼唤。
	回忆描述		
	想象描述		
说理	论证性说理	有论点、有论据，按照一定的论证方式的说理，说话的层次很分明	这约上并没有允许你取他的一滴血，只是写明着"一磅肉"；所以你可以照约拿一磅肉去，可是在割肉的时候，要是流下一滴基督徒的血，你的土地财产，按照威尼斯的法律，就要全部充公。——《威尼斯商人》
	非论证性说理	即事说理、有感而发	
抒情	直接抒情	就是我们日常发出的非常浅显易懂的赞美或者评价	你真漂亮。 今天天气真不错。
	间接抒情	就是把情感附着在叙事、说理、描摹之中，即融情于事、融情于理、融情于景	千锤万凿出深山， 烈火焚烧若等闲。 粉身碎骨浑不怕， 要留清白在人间。 ——于谦《石灰吟》

我向名家学演讲

龙永图妙用比喻释疑解惑

▼

龙永图曾经是中国入世谈判的首席代表。当时大家对世界经济贸易组织还比较陌生，不明白我们为什么要加入世贸组织。一位老人十分困惑地向他问道："我搞了一辈子外贸，从来没觉得加入世贸组织有啥好。何况，入世后，会发生贸易摩擦，这对咱们有什么好处？"

龙永图这样回答："国际大市场就像菜市场。以前咱们中国贸易量很小，就像是一个担着小菜的个体户，今天担着白菜卖卖，明天担着萝卜卖卖，看见税务局的人来了就跑，生怕要缴税。那些大户一看，对他们的生意没多大影响，就算了。可现在，中国的贸易量越做越大，再不加入世贸组织的话，就出问题了。加入世贸组织以后，我们就成了市场里一个固定的客户，在整个市场中就有了身份，合法权益就会受到保护。

至于处理贸易摩擦，加入世贸对我们有百益而无一害。这就好比一个大个子和一个小个子打架，大个子喜欢把小个子拉到阴暗角落里单挑，而小个子则愿意把冲突拿到人多的地方去，希望有人出来主持公道。我们加入世贸组织后，一旦发生贸易摩擦，就可以通过多边争端机制解决问题，让大家伙儿一起来评理。这对我们小个子不是更有利吗？"

龙永图用生活气息浓厚的比喻，把道理说得深入浅出，轻松地解决了那位老人心里的疑惑，让人拍案叫绝。

画龙点睛,
05 HUALONGDIANJING,JIEWEI YAO WANMEI
结尾要完美

演讲知识窗

演讲结尾亦称"演讲结束语",即演讲最后带有总结性的一段话。好的结束语应具备两个条件:一是突出演讲的主题,二是加深听众的印象。

故事会
收尾切忌画蛇添足

▼

有的演讲者开始说得不错,可一旦要结尾时就落入俗套,尽说些做作的客套话。比如说:"今天我讲到这里,本来是不准备发言的,但主持人一定要我说,我就恭敬不如从命。由于时间关系,本人水平有限,加上没有准备,对情况也不了解,所以就泛泛而谈,随便说说,以上几点不成熟的意见仅供参考,谈得不对的请批评,说得不好的请指正。"这种结尾就是典型的画蛇添足，就像是饭吃到一半发现有个苍蝇，把听众的胃口都给倒了，是演讲结尾之大忌。

海马爸爸演说能量
结尾的不同形式
▼

俗话说："编筐编篓，重在收口；描龙画凤，难在点睛。"演讲的结尾，就是演讲的"收口""点睛"。拿破仑说过："最后五分钟决定兵家成败。"演讲的结尾是走向成功的最后一步，它在整个演讲中起着不可忽视的重要作用。比起开头和主体部分，对结尾的要求反而更高，内容要更有深度，语言要更有力度，方法要更巧妙，效果要更耐人寻味。

演讲结尾的技巧，多种多样，不拘一格，演讲者可根据演讲的不同场合、主题、听众及自身个性等因素，选择适合自己的结尾，使之有效地为演讲的思想和目的服务。归纳起来，常见的演讲结尾方式大体可以分为以下9种：

常用结尾	含义及特点	示例
总结式	以总结归纳的方式结尾。这种结尾用极其精炼的语言，对演讲内容和思想观点做一个高度概括性的总结	我们是从哥白尼日心说中认识太阳的，我们又是从历史的迁徙中认识中国共产党的。八十年过去了，八十年斗转星移，日月变迁。太阳的辐射仍依托马列主义的热核放出它巨大的能量，从而去凝聚着属于它普照的民族和人民。月亮离不开地球，地球离不开太阳，人民离不开党。祖国的未来，中华的腾飞，需要中国共产党的领导，党就是永照华夏的太阳，也就是我们心中的太阳。——《永照华夏的太阳》

续表

常用结尾	含义及特点	示例
号召式	用提希望或发号召的方式结尾。这种结尾是演讲者以慷慨激昂、扣人心弦的语言，对听众的理智和情感进行呼唤，或提出希望，或发出号召，或展望未来，以激起听众感情的波涛，使听众产生一种蓬勃向上的力量	同志们，朋友们，我们正处在一个伟大变革的黄金时代，经济的发展，国家的富强，民族的振兴，需要全体人民的艰苦奋斗，特别是共产党人的模范带头作用。如果每一个共产党员都能正确处理好"小家"和"大家"的关系，严格地按党性原则要求自己，用党的纪律约束自己，用党旗下那神圣的誓言激励自己，那么我们党的形象将会更加光彩照人，我们党将会更加坚强伟大！——《一位纪委书记的"小家"和"大家"》
决心式	以表决心、发誓言的方式结尾。这种结尾感情饱满，态度鲜明，激情奔放，有助于坚定听众的信念，增加演讲的感召力	同学们，让我们高举起"五四"的火炬，弘扬民主与科学的精神，把爱国之情，报国之志化为效国之行，用我们的热血和汗水、青春和智慧，甚至是生命，向我们的先辈和后代，向我们的祖国和民族呐喊：我们将无愧于伟大的时代，无愧为中华民族的炎黄子孙！我们将无愧为跨世纪的中国人！谢谢！——《无愧于伟大的时代》
余味式	以留余味、泛余波的方式结尾。这种结尾语尽而意不尽，意留在语外，像撞钟一样，清音有余，余味袅袅，回味无穷，三日不绝	我们的雷锋，在他短暂平凡的人生中，创造出了巨大的人生价值，给我们留下了无与伦比的精神财富，那么，亲爱的朋友们，在漫长而又短暂的人生之路上，我们将做些什么？创造些什么？留下些什么呢？——《人生的价值何在》
抒情式	以抒情怀、发感慨的方式结尾。演讲本身是一种思想和激情的燃烧，这种结尾诗意浓浓，情理俱在，最易激起听众心中的情感	啊！奉献，这支朴实的歌，这支壮烈的歌，这支深远的歌，这支永远属于母亲——我们的祖国的歌，让我们每一个中华儿女都来唱这支歌吧！——《奉献之歌》

常用结尾	含义及特点	示例
名言式	用哲理名言、警句做结尾。这种结尾方式，是通过引用名言、警句、谚语、格言、诗句等作为结尾，使得语言表达更精炼，演讲也更具启发性和感染力	毅力是攀登智慧高峰的手杖；毅力是漂越苦海的舟楫，毅力是理想的春雨催出的鲜花。朋友，或许你正在向成功努力，那么，运用你的毅力吧。这法宝可以推动你不断地前进，可以扶持你度过一切苦难。记住："顽强的毅力可以征服世界上任何一座高峰！"（狄更斯语）——《谈毅力》
祝愿式	用祝贺或赞颂的言词结尾，能造成欢乐愉快、热情洋溢的气氛。但要注意演讲者在说这些赞颂的话时，不要过分地夸张和庸俗地捧场，否则听者就会认为你有哗众取宠之嫌	最后，在春节即将到来之际，我借此机会向全市的父老兄弟、姐妹们拜个早年。祝老年人春节愉快、身体健康、寿比南山！祝中年人春节快乐、家庭幸福、事业成功！祝年轻人春节欢乐、爱情甜蜜、前程无量！祝大家年年幸福年年富，岁岁平安岁岁欢！谢谢大家！——《在迎新茶话会上的演讲》
点题式	用重复题目的方式结尾。演讲的标题是演讲最具个性和特色的标志。在演讲结束时，再一次点题，能加深听众对演讲的印象，使听众产生强烈的共鸣	雄伟啊长城，伟大啊中华！我登上崇山峻岭的高峰之巅，我站在万里长城耸入云端的城楼之上，我昂首挺立在世界的东方，在祖国的山川大地，向世界的大洲、大洋，向天外的星球宇宙，纵声呼喊："我爱长城！我爱中华！"——《我爱长城，我爱中华》
幽默式	用幽默、风趣的语言结尾。除了某些较为庄重的演讲场合外，利用幽默式结尾，可为演讲添加欢声笑语，给听众留下一个愉快的印象。但要保证自然、真实，使幽默的动作或语言符合演讲的内容和自己的个性	老舍先生在某市的一次演讲中，开头即说"我今天给大家谈六个问题"，接着，他第一、第二、第三、第四、第五，井井有条地谈下去。谈完第五个问题，他发现离散会的时间不多了，于是他提高嗓门，一本正经地说："第六，散会。"听众起初一愣，不久就欢快地鼓起掌来。

我向名家学演讲

鲁迅善用道具制造幽默

▼

鲁迅先生在结束在上海中华艺术大学的演讲时说："以上是我近年来对于美术界观察所得的几点意见。今天我带来一幅中国五千年文化的结晶，请大家欣赏欣赏。"说着，他一手伸进长袍，把一卷纸慢慢从衣襟上方抽出，打开一看，原来是一幅病态丑陋的月份牌。顿时全场大笑。

鲁迅先生借助恰到好处的道具表演，与结束语形成鲜明的对比，极具幽默效果，不仅使演讲在欢快的气氛中结束，而且能让听众在笑声中进一步品味先生演讲的深意。

硬功夫篇

用全身心去诉说

演讲不只是嘴上功夫，你在台上的一举一动观众都看在眼里，足以影响演讲的效果。

该怎么站？手放在哪里？怎么笑起来好看？

这些可都是硬功夫，只有不断地练习，才能达到更高的境界。

用嘴说

——演讲中的口语表达

普通话说得不标准？声音不够动听？有海马爸爸在，那都不是事儿。但要练成三寸不烂之舌，须着实下一番功夫。

练 就
01 *LIANJIU CHUNZHENG YUYIN*
纯正语音

> 口语表达的正确性、清楚度、流畅性，这三点是保证演讲清晰表达的先决条件。
>
> 普通话，是以北京语音为标准音，以北方话为基础方言，以典范的现代白话文著作作为语法规范的现代汉民族共同语。普通话语音系统主要包括声母、韵母、声调、音节，以及变调、轻声、儿化等。

演讲知识窗

故事会
不会说普通话而被废
▼

北魏孝文帝一生共有两位皇后，要说这第一任皇后冯媛，确实被废得有些令人叹惋。

原来孝文帝亲政后，就开始大刀阔斧地全面推行汉化改革，第一件大事就是迁都洛阳，后来又下令：改鲜卑复姓为汉姓，他自己就从复姓拓跋改为姓元；禁止穿鲜卑服装，一律改穿汉服；禁止用鲜卑语，改说汉话；

改革了一系列的鲜卑旧制。

这些举措触犯了鲜卑贵族的利益，免不了要遭到强烈反对甚至叛乱反抗。孝文帝一边力排众议，一边身体力行。又颁令天下"30岁以上的听其自便，30岁以下的，一律改习汉语和中原正音，官民改穿汉人衣冠，概莫能外。否则一律重罚，朝官违禁罚其俸"。

可是，彼时的皇后冯媛偏偏坚决不肯说汉语，这是在公然挑衅天子！孝文帝一怒之下将其废为庶人，安顿在瑶光寺。冯媛皇后因为不会说普通话被废为庶人，这在中国史上是第一例，也是最后一例！

说好普通话不仅是日常交流的需要，也是中华传统文化的瑰宝，千年前的鲜卑皇帝尚且知道要学习，我们又怎么能落于人后呢？

海马爸爸演说能量
发音训练

▼

在进入细节训练之前，大家跟我一起，先把自己的声音打开：

首先，打开你的嘴部肌肉。用手揪住下巴，头后仰，同时打开嘴巴，发出"啊——"的声音。

其次，利用胸腔发音。胸膈膜在心窝位置，起到隔断胸腔和腹腔的作用。现在我们深吸一口气到腹腔，憋住，感觉到小腹隆起。然后小腹挤压，让气息向上通过胸腔，利用胸腔发声，发出"啊——"的声音。

声音打开之后，我们进入唇齿练习：

练习部位	动作	分解动作
唇的练习	喷	也称双唇后打响，双唇紧闭，将唇的力量集中于后中纵线三分之一的部位，唇齿相依，不裹唇，阻住气流，然后突然连续喷气出声，发出P、P、P的音
	咧	将双唇闭紧尽力向前噘起，然后将嘴角用力向两边伸展（咧嘴）。反复进行
	撇	双唇后闭紧向前噘起，然后向左歪、向右歪、向上抬、向下压
	绕	双唇闭紧向前噘挺起，然后向左或向右做360度的转圈运动
舌的练习	刮舌	舌尖抵下齿背，舌体贴住齿背，随着张嘴，用上门齿齿沿刮舌叶、舌面，使舌面能逐渐上挺隆起，然后，将舌面后移向上贴住硬腭前部，感觉舌面向头顶上部“百会”穴的位置用力。 这一练习对于打开后声腔和纠正“尖音”、增加舌面隆起的力量很有效。口腔开度不好的人、舌面音J、Q、X发音有问题的人可以多练习
	顶舌	闭唇，用舌尖顶住左内颊、用力顶，然后，用舌尖顶住右内颊做同样练习。左右交替、反复练习
	伸舌	将舌伸出唇外，舌体集中、舌尖向前、向左右、向上下尽力伸展。这一练习主要练习使舌体集中、舌尖能集中用力
	绕舌	闭唇，把舌尖伸到齿前唇后，顺时针环绕360度，然后逆时针环绕360度，交替进行
	立舌	将舌尖向后贴住左侧槽牙齿背，然后将舌沿齿背推至门齿中缝。使舌尖向右侧力翻。然后做相反方向的练习。这一练习对于改进边音L的发音有益
	舌打响	舌尖卷曲，顶住上颚，然后用力摩擦，即可发声
	捣舌	捣舌是播音主持学习的过程中，练习舌头灵活度的一种方式。就是让舌头往外面冲，练习舌头的灵活性和力度

演讲小练习：观看视频《忐忑》，你被男孩夸张的表情逗乐了吗？仔细观察男孩的眼睛、鼻子、嘴巴、脑袋，试着模仿他的动作，自己录制一段视频，比一比，谁更搞笑？请你的小伙伴点评一下。

我向名家学演讲
山里伢赵普成央视主播
▼

　　央视名嘴赵普，从小就有一个主持梦。因为家境不好，他没念高中就去参军。退伍后，他做了一名保安，工资大部分被用来买有关主持艺术的书籍。为了练好普通话，咬准每一个字音，每天下班后，他都会将《新华字典》上的字连同拼音抄满6页，折成小卡片，放在衣兜里，一有时间就一个字一个字地进行练习。为了练好形象和表情，他又专门从书店里搜集一些印有电视主持人形象的挂历，贴在镜子旁边，对照着模仿。

　　功夫不负有心人。不到半年，赵普的普通话就已练得炉火纯青，就连当初曾笑话过他的同事，也都纷纷竖起大拇指，称赞他的普通话说得顺溜。赵普吐字清晰、准确，为他赢得了安徽省气象台临时气象播报员的工作。后来凭借着自己的努力，赵普终于成为了中国顶尖的电视节目主持人。

打造
完美嗓音
02 *DAZAO WANMEI SANGYIN*

在交际中，口语表达不仅要求清楚明白，而且要求做到生动形象，这样才能给人留下深刻的印象，收到更好的交际效果，这便是注重语音修饰。

语音修饰即通过对语音的选择、组合和调配来增强语言的表现力和感染力，提高语言表达效果。

演讲知识窗

故事会
你的声音好听吗
▼

我们听别人说话，不考虑内容，有些人的声音听起来很舒服，有些却觉得刺耳，这不仅是因为每个人声音的音色天生有所差异，还因每个人对声音的控制不同。专业的演讲师会在动情处运用声美，通过情景加文字加声美的组合来更好地调动听众的情绪。

在日常发音中，常见的语音问题主要有：

少年演说家

语音问题	含义及判断标准	改善方法
鼻音	发音时通过用手捏住鼻子来检查，如果一开口鼻子就有嗡嗡声，则为鼻音无疑	可以通过胸腔共鸣来改变
尖音	发音时声音高、尖。通过发音时脖子是否紧张粗大、下颚肌肉是否紧张来判断	可通过放松下颚、舌头、嘴巴、声带等来改善
低语	发音时丧失语调和共鸣的声音。通过发声时喉头有无颤动判断	可通过高声诵读多音节字词来改变，咏读时要求完全用呼吸辅助，发清每一个字音
戛止	发音时声音到最高峰时，突然迸裂四散	克服方法同"低语"
沙哑	声音喑哑不清，有先天的音色关系，也有后天缺少对嗓子的保护原因	1.感觉音色不对，声音沙哑时，要避免大声尖叫、大笑、费力地清嗓子、抽烟、喝酒等； 2.感觉声带上有黏液，最好轻轻咬舌头，产生唾液后吞咽唾液来代替清嗓子
嗫嚅、单调	发音时口齿含糊不清、无音调变化，没有色彩	克服方法同"低语"
语速不当	说话过快或过慢。平时正常语速为一分钟160字左右，如果每分钟发音超出200字，那说明语速有些偏快了	可以通过数数练习来控制。如果语速偏快，从一到十，第一次5秒，第二次10秒，第三次20秒，慢慢体会节奏的变化。同时经常高声朗读报纸上的文章，用铅笔移动来引导声音，及时做慢慢的调整。可以用录音机录音，检测自己的语速，也可以与播音员的语速相比较，体会语言的流畅
气息较短	因呼吸没有调整好，朗读或说话时气喘吁吁，经常在不该停顿时停顿，而且发出的声音轻飘、虚而不实。嗓子容易因紧张而造成疲劳	可以通过练习胸腹联合式呼吸法来克服

海马爸爸演说能量
呼吸训练和发声共鸣训练
▼

　　我们都有这样的体会：在人多嘈杂的场合，为了让别人都听到，我们必须大声说话，结果声嘶力竭，嗓子还累得要命，一直持续的话就会有"失声"的感觉。

　　通常有声语言的发声靠的是声带振动，声带产生的音量只是讲话声音的5%。由声带振动产生的声音必须借助一组共鸣器才能被放大。一般提到的共鸣腔有头腔、鼻腔、口腔、胸腔，这四个共鸣腔最基本。除了口腔共鸣为主之外，胸腔共鸣是基础，可以加多一点，如果有高音的时候，增加呼吸量，发挥一点鼻腔、头腔的作用更好。

　　其实好的用声者，使用在声带上的能量只占总能量的1/5，剩下4/5的力量用在控制发音器官的形状和运动上面。在产生共鸣的过程中，共鸣器官把发自声带的原声在音色上进行润饰，使声音圆润、优美。科学调节共鸣器官可以丰富或改变声音色彩，同时起到保护声带的作用，延长声带的寿命。

　　朗读的发声中，多采用中声区，而中声区主要形成于口腔上下，这就决定了用声的共鸣重心在口腔上下，以口腔共鸣为主。

　　要想声音圆润集中，需要改变口腔共鸣条件。发音时双唇集中用力，下巴放松，打开牙关，喉部放松，在共同运动时，嘴角上提。

口腔共鸣训练

　　口腔共鸣发声最主要的一点，是发声的时候鼻咽要关闭，不产生鼻泄露。通过下列练习大家可以体会一下。

以开口元音为主的练习：

ba   ga   pa   ta   ka

peng   pa   pi   pu   pai

普通话的四个声调，准确的叫法是第一声阴平；第二声阳平；第三声上声；第四声去声。我们在进行声音训练的时候，多用阴平声调进行，这样有利于体会声音和气息。

词组练习：

澎湃   冰雹   拍照   平静   抨击   批评……

哗啦啦   噼啪啪   咣啷啷   扑通通   呼噜噜……

绕口令：

山上五株树，架上五壶醋，林中五只鹿，柜中五条裤，

伐了山上树，取下架上醋，捉住林中鹿，拿出柜中裤。

鼻腔共鸣训练

鼻腔共鸣是通过软腭来实现的，标准的鼻辅音m、n和ng就是这样发声的。有人觉得鼻音重显得声音好听、有厚度，但是过多的鼻音有如感冒，是不好的。

在元音a、i、u前加鼻辅音m、n体会鼻腔共鸣：

ma   mi   mu

na   ni   nu

词组练习：

妈妈　　光芒　　中央　　接纳　　头脑……

蓝蓝的天上白云飘，白云下面马儿跑，挥动鞭儿响四方，百鸟齐飞翔。

呼吸训练

气和声是演讲有声语言的载体，要想使声音清楚、悠远、持久，就得有正确的呼吸和发声方法。吸气量要足，呼气要均匀。气吸得深、呼出时间长、气流运用自如，有利于表达刚柔不同的感情。

呼吸练习：

用闻花的感觉练深吸气。

用一口气轻轻吹拂灰尘的方法练平稳均匀呼气。

换气有大气口和小气口之分。大气口指一般的换气，小气口指偷气，即在人们察觉不到的一瞬间很快地换气。

句子练习：

伟大的力量来自崇高的理想。（一口气读完）

事情往往就是这样，你认为你行你就行，你认为你不行，即使你行也不行。（换气）

> **演讲小练习**：观看女高音表演，体验美声发音的不同。先按照口型模仿，然后运气以体会声音来源的不同，然后在同伴旁白的引导下，进行如下活动：
>
> 想象你身穿一袭沙滩裙（沙滩裤）伸展双臂拥抱大海，海风习习，阵阵海盐清新的味道，然后配合这样的场景说三句你认为特别应景的话。
>
> 画风一转，你身着一身绅士的燕尾服，站在了华丽的舞台中间，昂首站立，前面是立式麦克，现在你要在迎接外国元首的国家级晚宴上高歌《我的太阳》，绅士有风度地开唱吧！

我向名家学演讲
王宇京美好歌喉后天塑造
▼

王宇京是著名的歌唱家、嗓音训练和治疗专家，很多人说，唱歌需要与生俱来的天分，王宇京自然也赞同："天分是难能可贵的。同样的两个人，更有天分的那个人相对而言可塑性会比较强。然而，这并不意味在歌唱领域能达到的造诣就一定比另外一个人要高。能否成为一个出色的演唱家，更多是需要后天的努力。"

人们惊叹于王宇京的音域以及音色，穿透力极强，然而他也曾经很多年都处在破嗓的折磨中，这段破嗓的经历反而让他更加执着地去找寻发声的新手段与新途径。如今，他用自己总结的膨胀咽音发声法，帮助很多渴望歌唱却不能歌唱的学生找到了自信，教会他们学会用这后天塑造的美好歌喉唱出心中最美的旋律。

赋予声音
03 FUYU SHENGYIN BIANHUA
变化

演讲知识窗

多变化是有声语言艺术的要求之一。有声语言的多变化，主要表现在音量大小的变化、速度快慢的变化、音调高低的变化、节奏强弱的变化等四个方面。

故事会
不要让听众觉得无趣
▼

我们平时听课的时候，如果老师一直都用同一种声音，同一种节奏、语气、语调教授课程，听久了就会觉得昏昏欲睡，很难集中精神。科学研究表明，一个人精力高度集中的时间不超过20分钟。演讲也是同样，有时候，你所讲的内容听众可能并不感兴趣，或者演讲的内容恰好是听众知道的，人们就会显得漠不关心，甚至要开始窃窃私语了。这时，想让听众静下来认真听你说话，就只能靠你的个人魅力或者说语言艺术了。

海马爸爸演说能量
运用好你的声音
▼

演讲的中心是"讲"，演讲的工具是"语音"。著名的法国演员老郭连柯说过："嗓音的力量不可估量的，任何图画的感染力，远远比不上舞台上正确发出一声叹息那样动人。"对演讲者来说，控制好演讲时的音量和音调变化，是掌握有声语言艺术的第一步。

控制好音量大小

在演讲中，说话响亮是一个基本要求，但演讲者在整个演讲中，其音量的大小是不断变化着的，这个变化决不是无目的的、随意的，而是随着思想感情的变化和诸多综合因素的不同而变化的。具体来说，演讲的音量大小变化有以下几点诀窍。

原则	说明
上台开口说第一句话时，音量不要太大，但也不要太小，一般能使听众听清楚为佳	开口时音量太大，一是会使听众觉得演讲者太狂妄，缺乏修养和礼貌。二是开口说话音量太大，自己演讲起来费力不讨好，尤其是越往后讲，越吃力

续表

原则	说明
音量大小要根据演讲内容的变化而变化	思想重点、情感激烈之处，音量要大些，反之，就可以小些。高兴、激昂、号召、排比句等处音量要大；抒情、描述、伤感、悲哀等处音量要小些。讲别人的事情和观点时音量可大些，讲自己的内容音量可小些
音量大小根据听众的层次和人数而定	面对长辈、上级、专家、学者等为主体的听众，说话时，音量不能太大，起伏也不能太大，这样能显得演讲者谦虚、谨慎。面对青少年、学生演讲，音量可大些，显得青春活力，富有朝气。听众多，成千上万，音量则大；听众少，几十上百来人，音量则小
音量大小根据会场秩序和场地条件而定	会场秩序好，观众静心地听，音量则应适当放小；会场音响好或会场较小，音量则小。音响差，会场大则音量可适当放大。当发现听众交头接耳讲小话和会场秩序不太好时，说话者应把音量放小，或停顿一下，进行"冷"处理、"静"处分，切忌将音量放大
音量变化要适度	一是音量大小要恰当、适度。大，决不可大到声嘶力竭的程度，有理不在言高；小，也不能小到让听众听不到的地步。二是音量变化要顺畅、自然

把握好音调高低

演讲时，不同的语调，可以表达出不同的语气。实践告诉我们，只有音调上的千变万化，才有气息上的千姿百态；只有音调上的抑扬顿挫，才有声音上的姹紫嫣红。音调高低的变化，可以从以下三个方面来把握：

第一，起调不要太高或太低。

第二，高音、中音、低音要交叉配合使用。

在演讲中，高音多用来表示惊疑、欢乐、赞叹和慷慨激昂的感情，高亢明亮的声音会使听众为之一振，达到促人警醒的目的；中音多用来表示平和的、明显的以及一切较平缓的感情，演讲中使用中音能使听众感到自然、亲切，也便于听众听得清、听得懂；低音则多用来表示沉郁、压抑与悲哀之情，低音在演讲中用得不是很多，它能表现出冷静、理智、伤感、庄重、悲壮、深沉等感情色彩。

音调变化要符合演讲的内容和情感，并与音量变化相配合

音调和音量二者既有区别又有联系。其音高，音量未必就大；其音低，音量也未必就小。但由于二者均受思想感情的制约，需要密切配合，因而有许多一致的地方。思想情感浓重激烈之处，就需要声音高一些，音量大一些，以重扣听众的心扉。如内容一般，情感舒缓，声音就可小一些，音调就可低一些。

我向名家学演讲
名不虚传的单国嘴
▼

"凡有井水处，皆听单田芳"，单田芳是街知巷闻的评书表演艺术家，2012年，在第七届中国曲艺牡丹奖颁奖典礼上，时年78岁的单田芳获得终身成就奖。单田芳认为："说书既要有平，也要有爆。"生动、准确、鲜明是其评书的最大特点。说文时，满腹经纶，诗词歌赋，华丽高雅；说白时，乡情俗语，民谚土语，亲切生动。

他通过声音的变化塑造出各异的人物形象，惟妙惟肖，烘托出不同的环境气氛，听众犹如身临其境。代表作品有《封神演义》《三国演义》等，建议大家找相关资源听一听，感受一下有声语言的无穷魅力。

PART 4

少年演说家

用心说
——演讲中的情感表达

演讲不同于日常说话，日常说话随意就好，而演讲的语调要有抑扬顿挫，才能更直观地传达我们的喜怒哀乐，不打广告，只看疗效！

重读与轻读

01 ZHONGDU YU QINGDU

演讲知识窗

演讲时为了使语义鲜明，并让感情起伏，使气氛变化表达出来，往往合理安排语气轻重。重读或轻读是通过声音的强调来突出意义的，能使听者对一些色彩鲜明、形象生动的词语增加印象和分量。

故事会

鼓乐铿锵

▼

2008年北京奥运会开幕式上的2008人的击鼓表演令全世界为之震撼，鼓点铿锵，气势雄浑，展示了巍巍中华雄踞一方的气魄。击鼓除了要节奏分明，力度也大有讲究，随着高潮的到来力度要逐渐加重，才能营造出惊天动地的气势。演讲要有气势，也要通过加重某些字音来达到效果。

海马爸爸演说能量

重音读法

▼

我是语法重音，就是根据语法关系，说得或读得重些的音节。一般情况谓语略重于主语，宾语略重于谓语。

我是强调重音，就是为了强调某种思想感情而说得或读得重一些的音节。比如为了揭示语言内在的深刻含义，或表示对比和反衬，或表示肯定和强调，或表达某种强烈的感情等。

要是我们俩相遇了，强调重音说东，语法重音绝不能往西哦。
快集齐四件法宝召唤我们！

以高示重法

利用声音高低、强弱的对比，以高或强的声音来显示重音。往往用在揭示语言的隐藏意，把要强调、突出的词语读得重一些、响亮一些。

例如：

回顾过去，我们有过迷茫，有过惆怅，但终于在自强不息的路上走过来了。再坚定地走下去吧，朋友！我们有责任为后人拓宽道路，我们有义务把时代的进行曲谱写得更加雄壮!

以慢示重法

通过快慢的对比，以慢显示重音，使音节传达得清晰一些。把要强调词语的音节拖长，表达深挚的感情，或表现动作的艰难、缓慢。在演讲中为了让听众听清楚强调内容，在读容易混淆的字词时也应放慢语速，延长音节。

例如：

哪个是一倍的量，哪个是三倍的量呢?

一字一顿法

在强调的字词前后，都做必要的停顿，主要表现强烈的感情，如悲痛、深情等，给人以深刻的感染。

例如：

当不孝的儿子得知母亲重病在床还在给他织毛衣时，儿子跪在地上，哭着说道："妈妈，对不起，我/错了/真的/错了。"

以轻示重法

与重读相对的是轻读，轻读也是一种用以突出某些字、词或短语的技巧方法。这种重音轻读，是把要强调的字词减弱音势，低而有力、柔和而深情地传出，用来传达爱、幸福、欣慰、陶醉、体贴的情怀，深沉凝重的情感，轻捷的动作，幽美宁静的画面。

例如《周总理，你在哪里》，诗中有这样一段：

周总理你在哪里？

广场回答：

"呵，轻些呵，轻些，

他正在中南海接见外宾，

他正在政治局出席会议……"

总理呵，我们的好总理！

小试身手

毛泽东《心之力》

▼

宇宙即我心，我心即宇宙。细微至发梢，宏大至天地。世界、宇宙乃至万物皆为思维心力所驱使。

博古观今，尤知人类之所以为世间万物之灵长，实为天地间心力最致力于进化者也。

夫中华悠悠古国，人文始祖，之所以为万国文明正义道德之始创立者，实为尘世诸国中，最致力于人类与天地万物精神相互养塑者也。盖神州中华，之所以为地球优雅文明之发祥渊源，实为诸人种之最致力于人与社会、天地间公德良知依存共和之道者也。古中华历代先贤道法自然，文武兼备，运筹天下，何等之挥洒自如，何等之英杰伟伦。

此文著于1917年，毛泽东时年24岁，堪称神州少年之楷模，本文被他的老师杨济昌打了满分。这篇文章重在气势，练习的过程中注意区分重音，这样，文章所表达的强烈的爱国情怀，才能有感于听者。

升调与
02 SHENGDIAO YU JIANGDIAO
降调

演讲知识窗 用不同的语调讲话是人的本能，同样的一件事或一句话，由于说话者的观点和所持态度的不同，就会用抑扬不同的语调表达出不同的语气。

故事会
讲故事的人
▼

为了增加演讲的趣味性，在演讲中我们都会添加一些小故事，或是自己的亲身经历，或是一些益智、搞笑的小段子，如何把这些故事讲得绘声绘色呢？除了可以加入一些动作、表情作为辅助，最主要的还是要通过语调的变化把各种疑问、惊奇、感叹等语气表达出来。

海马爸爸演说能量
四种语调
▼

用不同的语调讲话是人的本能，同样的一件事或一句话，由于说话者的观点和所持态度的不同，就会用抑扬不同的语调表达出不同的语气。语调的变化与句式、情绪有关。

语调	适用	示例
平直调	表达叙述、庄重严肃、冷淡漠然、思索回忆、踌躇不决的句子一般用平直调	我这里有一本刚出版的33万字的自传体小说——《极限人生》。这是一部人生观的教科书。
高升调	提出问题的疑问句，感情激动的句子，还有发布命令、进行号召的句子，以及表示惊异、呼唤，中途顿歇的句子，一般用高升调	也许有人会说：这不是表现自己吗？可我要说：表现自己又有什么过错呢？大千世界，万事万物不都在表现自己吗？
曲折调	语意双关，用言外之意、幽默含蓄或讽刺嘲笑，来表达意外惊奇或有意夸张，一般用曲折调	"哈！这模样了！胡子这么长了！"一种尖利的怪声突然大叫起来。
降抑调	情绪平稳的陈述句、表达愿望的祈使句、感情强烈的感叹句，语气肯定的句子往往用降抑调	我希望别人对我评头论足，我喜欢周围有我的风言风语。我认为在人言可畏统治下缩头缩脑的角色都是懦夫。

小试身手
你真幸运
▼

我去超市买方便面，正准备付钱，无意中瞟了一眼外包装袋，才发现只剩3天就要过保质期，于是跟收银小姐说，我不想买了。收银小姐问明原因后，大度地挥挥手："不买也行，顾客至上嘛。"末了，她又加了一句："这一天卖掉那么多就你发现了，你真幸运啊。"

我空着手从超市出来，想去街对面取自行车，突然发现路旁站着一个绝色美女。正当我扭头看得高兴时，忽然扑通一声，还没弄明白怎么回事，我已经掉进了下水道。

原来，有人偷走了马路上的窨井盖。

爬出来时，警察已经在旁边等着了。他帮我打了120，又看看我的伤口，说："前几天也掉下去一个，摔成了半身不遂。你怎么好像没什么大事，你真幸运啊。"

医生不由分说地把我拉进医院，又是拍片又是问诊，然后，把我扔在一边等。过了一会儿，有几个人将我架进手术室，说是我某个内脏出了点问题，需要开刀。打过麻药，大夫的手术刀即将碰到我的肚皮时，忽然冲进一

白衣天使，大叫："刀下留人。"

原来，他们搞错了片子，需要开刀的是另外一个人。主刀大夫擦擦头上的汗："幸亏我们发现得早啊，要不然这一刀划下去……你真幸运啊。"

从医院出来，天已大黑，这时，我才想起自行车还停在超市对面，忙搭出租车回去取。出租车司机听罢直说："早丢了吧?"赶到那里，只见我的自行车还孤零零地停放在那儿。司机大为不解："这么长时间居然没有丢，你真幸运啊。"

后来，我把这一天的经历说给我的朋友听，他紧紧拥抱我："经历了这么多事，你竟然还能够活着回来，你真幸运啊。"

Tips: 讲述上面这则故事可以注意区分一下不同的人对主人公说"你真幸运"时的不同语气。

讲故事要注意几点，第一，是讲故事而不是背故事，一定要熟悉故事情节；第二，"演讲者的表述"与故事中"不同角色的对白"在语气表达方面应该有所不同，保持演讲者的主体意识清醒，才能随时出戏入戏。

停顿与连续

03 TINGDUN YU LIANXU

有声语言的休止和中断，称为停顿；而那些声音不休止、不中断，特别是在文字语言中有标点符号而不休止和中断的称为连续，停顿和连续既是心理也是生理的需要。

演讲知识窗

故事会

停顿的妙用

▼

有一富翁生性吝啬，一毛不拔。儿子大了，需要读书，他想聘请教书先生，又舍不得多花钱，因此再三讲明他的膳食供给很微薄。可是，当时的一位老先生还是一口应允了。富翁恐怕口说无凭，要老先生写一张合约，老先生写道："无鸡鸭亦可无鱼肉亦可青菜一碟足矣。"富翁一看，理解为"无鸡鸭亦可，无鱼肉亦可，青菜一碟足矣"。于是欣然签了字。

哪知吃第一餐饭时，富翁让人端出一碟青菜给老先生下饭，先生说富翁违约："怎么尽是青菜，我们不是约定了'无鸡，鸭亦可；无鱼，肉亦可；青菜，一碟，足矣'的吗？"弄得富翁啼笑皆非，连呼上当。

教书先生巧用停顿设下圈套，让富翁吃了个哑巴亏，那么停顿在演讲中又有何妙用呢？

海马爸爸演说能量
五种停顿
▼

停顿	含义	示例
语法停顿	语法停顿指的是显示句子的各种语法关系的停顿，也就是按照篇章和句子结构所做的停顿。标点是书面上的停顿标志，但演讲中不能机械地按照标点停顿，而是要从表情达意的需要出发，打破标点限制，找到"心"中的标点；没有标点符号的地方，有时也需要停顿	每次到北京，我总要到圆明园去看看，去抚摸那/被称为"万园之园"的/残垣断柱，在那里/我听说了这样一件事：一个外国人在圆明园捡起一块碎瓷片，他问管理人员，"先生，这个/我可以拿回去吗？"也许有人会觉得/这个"老外"小题大做了。但是朋友，你是否记得一百四十多年前/英法联军将圆明园所有的稀世珍宝、文物书画、金盆玉器洗劫一空时，有谁/问过我们中国人：先生，这些我们可以拿回去吗？
强调停顿	强调停顿，也叫逻辑停顿，指的是为了强调某个事物、某种思想、突出某一语意或某种感情，显示某种关系，而在句子中没有标点符号的地方所做的停顿。强调停顿的停顿时间有时比语法停顿要长，并多与重音配合作用	让暴风雨//来得更猛烈些吧！人//总是要有点精神的。伟大啊！什么叫伟大？持续的平凡/就是伟大！

停顿	含义	示例
心理停顿	心理停顿是由心理的特殊变化引起情感变化的停顿。这种停顿的位置不确定，时间比较长，主要用来表现人的内心世界，增强语言的生命力和感染力	—
换气停顿	有些句子容量大，拉得比较长，一口气读不下来，出于生理上的需要，稍微停顿一下，这就是换气停顿	又有哪一个政党能在较短时间内把一个贫穷落后的大国治理成一个综合实力居世界前列的强国呢？
特殊停顿	演讲中的特殊停顿主要表现在：一是控制会场秩序；二是列举事例之前；三是赞叹议论之后；四是话题转移或段落结束之际；五是会场气氛热烈；听众席中出现掌声和笑声时	—

小试身手

朱自清《春》

▼

盼望着，盼望着，东风来了，春天的脚步近了。

一切都像刚睡醒的样子，欣欣然张开了眼。山朗润起来了，水涨起来了，太阳的脸红起来了。

小草偷偷地从土地里钻出来，嫩嫩的，绿绿的。园子里，田野里，瞧去，一大片一大片满是的。坐着，躺着，打两个滚，踢几脚球，赛几趟跑，捉几回迷藏。风轻悄悄的，草软绵绵的。

高亢与低沉

04 GAOKANG YU DICHEN

演讲知识窗

在演讲中，节奏是由整篇演讲稿生发出来的，由演讲者思想情感的波澜起伏所造成的抑扬顿挫、轻重缓急的声音形式。

故事会
有速度才有激情

▼

在长而直的高速公路上，司机一直保持着同样的速度行驶容易发生车祸，因为匀速驾驶很容易会令人感到单调乏味，精神开始松懈，一不小心就会进入梦乡，导致车祸。演讲速度变化的道理也是一样，如果演讲者不考虑听众的反应，自始至终都以不变的速度讲话，演讲缺乏激情，听众就肯定会出现打哈欠，甚至昏昏欲睡的现象。

海马爸爸演说能量
六种节奏
▼

如同音乐需要鲜明的节奏一样，演讲也必须有鲜明的节奏。语速的快慢、声音的高低可表达不同的情绪和塑造不同的人物形象。

演讲的节奏大致有六种：高亢型、轻快型、低沉型、舒缓型、凝重型和紧张型。这几种类型的节奏在演讲中循环往复的使用，不是一成不变的。成功的演讲往往是通过欲扬先抑、欲抑先扬，欲快先慢、欲慢先快，欲高先低、欲低先高的节奏转换。这样的演讲才能做到既慷慨激昂又收放自如。

节奏类型	特点	运用	练习例文
低沉型	声音偏暗偏沉，语势多为落潮类，句尾落点多显沉重，语速较缓	常用于渲染悲伤的气氛	夏衍《包身工》史铁生《秋天的怀念》
高亢型	声多明亮高昂，语势多为起潮类，峰峰紧连，扬而更扬，势不可遏，语速偏快	常用于叙述紧张、急遽变化的场面。如表现欢畅、激动的情绪，或发泄愤怒、惊惧的情感，或表达抨击、质问、雄辩的思想	袁鹰《井冈翠竹》高尔基《海燕》
轻快型	多扬少抑，声轻不着力，语流中顿挫少，且顿挫时间短暂，语速较快，轻巧明丽，有一定的跳跃感	常用于表现轻松愉快的心情、优美舒适的环境、赞赏的态度等	朱自清《春》冯骥才《珍珠鸟》

续表

节奏类型	特点	运用	练习例文
凝重型	多抑少扬，多重少轻，音强而着力，色彩多浓重，语势较平稳，顿挫较多，且时间较长，语速偏慢	常用于描绘庄重的场景、悲痛的气氛，语重心长的教导	景希珍《在彭总身边》王愿坚《草地夜行》
舒缓型	声多轻松明朗，略高但不着力，语势有跌宕但多轻柔舒展，语速徐缓	常用于抒情性叙述、幽美情景描述、循循善诱的劝说、气氛平和的交谈情景	老舍《济南的冬天》陈淼《桂林山水》
紧张型	声音多扬少抑，多重少轻，语速快，气较促，顿挫短暂，语言密度大	常用来铺陈紧张的气氛	闻一多《最后一次演讲》屠格涅夫《麻雀》

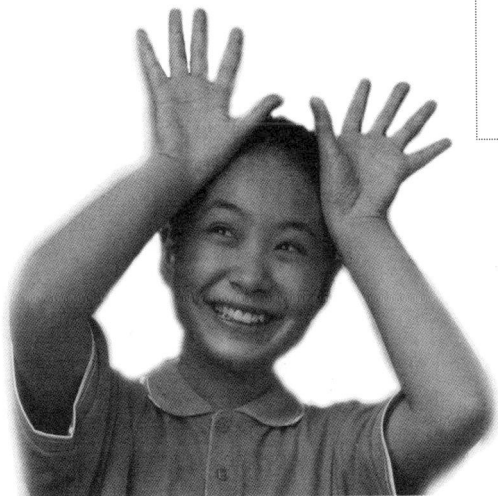

> **Tips: 节奏转化的方法**
> 欲扬先抑，欲抑先扬
> 欲快先慢，欲慢先快
> 欲重先轻，欲轻先重

小试身手
高尔基《海燕》
▼

在苍茫的大海上，狂风卷集着乌云。在乌云和大海之间，海燕像黑色的闪电，在高傲地飞翔。

以上，采用欲扬先抑、欲抑先扬

一会儿翅膀碰着波浪，一会儿箭一般地直冲向乌云，它叫喊着，——就在这鸟儿勇敢的叫喊声里，乌云听出了欢乐。

以上，采用欲快先慢、欲慢先快

在这叫喊声里——充满着对暴风雨的渴望！在这叫喊声里，乌云听出了愤怒的力量、热情的火焰和胜利的信心。

以上，采用欲重先轻、欲轻先重

这是勇敢的海燕，在怒吼的大海上，在闪电中间，高傲地飞翔；这是胜利的预言家在叫喊：

——让暴风雨来得更猛烈些吧！

用身说

——演讲中的态势语言

态势语言、口头语言和书面语言，是人类的三大语言。演讲中，一举手一投足，一个微笑，都会大大增加你的魅力值。

身体语言
SHENTI YUYAN
01

演讲知识窗

　　人的身体的每一个部位、每一个器官，都有表情达意的功能，包括头部、颈部、肩部、胸部、腹部、腰部、四肢，以及它们之间的互联互动互补协调的运动形态。

故事会
演讲，要讲更要演
▼

　　美国传播学家艾伯特·梅拉比安曾提出一个公式：信息的全部表达=7％语调+38％声音+55％肢体语言，初学演讲者很难取得演讲的最佳效果的主要原因并不在于有声语言的差距，而是态势语言的生硬或者根本不用。所谓演讲，既要能讲又要能演，"演"就是表演，需要通过一些肢体动作来完成。

英国哲学家培根说过："相貌的美高于色彩的美，而优雅得体的动作的美又高于相貌的美，这是美的精华。"如果演讲者一上台就保持一个好的精神面貌，表现得自信沉稳，便能先入为主，这是身体语言的审美作用。

海马爸爸演说能量
身体语言分解
▼

身体动作

上台前

观察好地形、路线，了解观众的情况；

整理好自己的衣服、资料、道具、发型等；

请工作人员调整好音响、话筒高度。

上台时

步伐轻捷从容、亮相得体、潇洒自信。不要大步流星，也不要扭扭捏捏。

上台后

不要急忙开口，上场后首先环视一下全场，使听众的大脑做好接收信息的准备，得到无声的感染。

面前有演讲台时，双手交叉自然放在身体的前面，或者自然下垂于身体两侧；切忌在胸前抱臂，或把手放在另外一个手臂上，也不能把手背在后面。目光平视，忌盯住一点或胡乱地看天花板。

移动

一般来说，在正规的场合演讲者站立好后是不宜移动的，但在特殊情况下，有时也要适当地移动。不过移动范围不宜过大，不可跨越太远、来回走动。

头部动作

头部动作	含义
点头	表示赞成或同意
摇头	表示否定、不是、不对、不赞成
抬头	头部猛然上提，一般是表顿悟或豁然开朗的意思
低头	这个动作含义非常丰富，可以表示思索、恭谦、羞怯、忏悔、丧气、哀悼，是个"多义词"
偏头	主要表达两种意思，一是表示倾听，二是表示生气
回头	带有突然性，表示寻找兴趣点

站姿

基本姿势：立正、稍息、跨立。

站立应做到头要端，肩要平，胸要挺，腹要收，身要正，腿要直，手要垂。

坐姿

要求抬头、挺胸、收腹、两眼平视前方，两腿与肩齐平。倘若两腿张开太大，既不礼貌，也不雅观。

我向名家学演讲
曲啸从不坐着演讲

▼

曲啸是中国四大演讲家之一，他一生共演讲2500余场，直到他病倒在演讲台上，再也站不起来，失去说话能力。曲啸老师在没有病倒之前，有时一天讲四场，但他从不坐着讲，他说："听众就是演讲者的镜子，而且是多棱镜，从各个角度来反映演讲者的形象。演讲者的体态、风貌、举止、表情都应给听众以协调平衡乃至美的感受。要想从语言、气质、体态、感情、意志、气魄等方面充分地表现出演讲者的特点，也只有在站立的情况下才有可能。"

表情语言

02 BIAOQING YUYAN

表情语言通常是指眼睛、眉毛、嘴巴、面部肌肉及其综合运动所反映的心理活动和情感信息。

演讲者应善于通过自己的面部表情，把自己的内心情感最恰当地显示出来；应善于通过自己的面部表情，与听众构筑起思想感情的桥梁。

演讲知识窗

故事会

微笑的力量

▼

康拉德·希尔顿号称美国"旅馆之王"，他是世界上非常有名气的酒店业者，是国际酒店的第一个管理者，也是最长久的一个。

从1919年到1976年，57年时间美国希尔顿旅馆从一家店扩展到70家，遍布世界五大洲的各大城市，成为全球最大规模的旅馆之一。50年来，希尔顿旅馆生意如此之好，财富增加得如此之快，其成功的秘诀之一，就在于其服务人员微笑的魅力。

希尔顿每天对服务员说的第一句话就是"你对顾客微笑了没有？"。他要求每个员工不论如何辛苦，都要对顾客投以微笑，即使在旅店业务受到经济危机的严重影响的时候，他也经常提醒职工记住："万万不可把我们的心里的愁云摆在脸上，无论旅馆本身遭受的困难如何，希尔顿旅馆服务员脸上的微笑永远是属于旅客的阳光。"正因如此，希尔顿成为经济危机中幸存的20%旅馆之一。当经济危机刚过，希尔顿旅馆就率先进入了新的繁荣时期，跨入黄金时代。

同样的，演讲者脸上的微笑也是属于听者的阳光。

海马爸爸演说能量
表情语言解读
▼

眼神

泰戈尔说"一旦学会了眼睛的语言，表情的变化将是无穷无尽的"，表情语言中眼神是最关键的表现。眼神的运用包括注视的时间、注视的角度、注视的部位、注视的方式、注视的变化等。

眼神的运用	不同的做法	代表的意义
注视的时间	长时间注视	表示友好、重视、感兴趣
	短时间注视	表示不在意、漫不经心、蔑视

眼神的运用	不同的做法	代表的意义
注视的角度	视线向下	表现权威感和优越感
	视线向上	表现服从、任人摆布
	视线水平	表现客观和理智
注视的部位	注视双眼	表示重视对方，愿意洗耳恭听
	注视额头	表示严肃、认真，希望公事公办
	注视面部	比较亲切、关切
注视的方式	正视	表示认真、尊重
	凝视	表示关注、恭敬
	盯视	表示出神或挑衅
	虚视	不专注或不集中
	扫视	表示好奇、吃惊，或照顾到全体、一视同仁
	无视即闭视	表示疲惫、反感、生气、无聊或特定的意义

在演讲中，视线要依据演讲内容做调整，切忌眼睛向下盯着演讲桌，看着天棚的一角或不停地看讲稿，或者只盯着观众席中的某一个人或某个地方，这些动作都会影响演讲者与听众间的情感交流。

笑容

笑容，即人们欢乐愉快时所呈现出来的面部表情。在言语交际中，它不但是内容的显示屏，也是交际者之间的润滑剂。展示笑容，可以缩短彼此间的心理距离，打破交际障碍，为心灵沟通创造有利条件。

有些人笑起来很迷人，而有些人的笑容却显得尴尬、搞怪、阴险、扭曲、皮笑肉不笑、僵硬等。如何拥有迷人的笑容呢？我们可以通过以下六个阶段的训练来实现：

阶段	训练目的	训练方法
Step1	放松肌肉	发哆、来、咪三个音，是从低音哆开始，到高音哆，每个音说三次
Step2	增加肌肉弹性	1.伸直背部，坐在镜子前面，反复练习最大地收缩或伸张：张大嘴，保持10秒。闭上张开的嘴，拉紧两侧的嘴角，保持10秒。接下来慢慢地聚拢嘴唇呈圆形，保持10秒。反复进行这一动作3次左右 2.用门牙轻轻地咬住木筷子，把嘴角对准木筷子，两边都要翘起，并观察连接嘴唇两端的线是否与木筷子在同一水平线上。保持这个状态10秒。在此状态下，轻轻地拔出木筷子之后，保持30秒
Step3	形成微笑	小微笑：把嘴角两端一齐往上提，给上嘴唇拉上去的紧张感。稍微露出2颗门牙，保持10秒之后，恢复原来的状态并放松 普通微笑：慢慢使肌肉紧张起来，把嘴角两端一齐往上提，给上嘴唇拉上去的紧张感。露出上门牙6颗左右，眼睛也笑一点。保持10秒后，恢复原来的状态并放松 大微笑：一边拉紧肌肉，使之强烈地紧张起来，一边把嘴角两端一齐往上提，露出10个左右的上门牙，也稍微露出下门牙。保持10秒后，恢复原来的状态并放松
Step4	保持微笑	找到适合自己的微笑后，维持那个表情30秒
Step5	修正微笑	如果微笑时嘴角有些歪，可通过咬木筷子的训练克服 如果微笑时不希望露出牙龈，就要给上嘴唇稍微加力，拉下上嘴唇
Step6	修饰微笑	笑容要发自内心。伸直背部和胸部，用正确的姿势在镜子前加油练习吧

面容

所谓面容，是在情感的驱动下，面部肌肉的运动和面部器官，如眉、嘴、鼻、耳的配合表现出的综合表情。

情感	面部表情
反省与沉思	眼睛盯视某一方向，皱眉，伴有呼吸急促、肌肉紧张等反应
悲哀与痛苦	面孔拉长，面部肌肉松弛，两侧面皮自然垂落，眼、脸、嘴了无生气，眉头紧促
怨恨与愤怒	面部发红或发紫，呼吸急促，青筋暴起，鼻孔打开且发抖，双唇紧闭，眼睛瞪大，眼中放光，眉头紧锁
傲慢与轻蔑	眼睛半闭或将目光投向别处，鼻子向上扬起，伴以微笑或冷笑
羞愧与愧疚	眼神回避，不敢正视，或眼睛向下，眼光不停地左右移动，面呈红色

演讲小练习： 运用 10 种不同的方法表现对一个人的不屑，面对你的小伙伴，你可以表现很多的情绪，比如高兴、欢喜、难过、不屑等，让他们判断你的情绪，直到选出 10 种不同的不屑。可从语言、动作、表情、服装、不屑程度或是与同伴配合、道具等呈现。

我向名家学演讲
奥巴马用表情阐述自己
▼

　　2010年美国杂志《新闻周刊》曾盘点了奥巴马11种完全不同的表情，从医改努力遇挫后的沮丧，再到医改法案通过后的自信；从民权教母葬礼上的泪水，到美国护士协会大会上的喜气洋洋；从竞选集会上"恨铁不成钢"的无奈，到观看篮球赛期间的开怀大笑，甚至在与苍蝇的"对峙"中，奥巴马也用表情表达着冷静和镇定。

手势语言
③ SHOUSHI YUYAN

演讲知识窗

手势语是演讲者运用手掌、手指、拳和手臂的动作变化来表达思想感情的一种态势语言。手势是指从肩部到指尖的各种活动，包括手臂、肘、腕、掌、指的各种协调动作。

故事会
手势说的话，你听懂了吗
▼

一次，阿凡提遇见一个巫师，二人约定只用手势来"说话"。巫师伸出一个指头，阿凡提立即伸出两个。巫师又伸出一个巴掌，阿凡提伸出拳头。巫师很满意，走了。

有人问巫师是什么意思，他说："我伸出一个指头，说真主只有一个；阿凡提却用两指头，说真主是两个，还有穆罕默德，他是真主安拉的使者。我伸出五个指头是问他，一天五遍的祈祷都做完没有，他的拳头捏得紧紧的，表示一点也不放松。看来阿凡提是个真正虔诚的教徒。"

这话传到了阿凡提那里，他大笑起来，解释说："巫师伸一个指头，是说要挖掉我一只眼，我用两手指告诉他，我要挠他一双。他伸开五指说要打我一巴掌，我告诉他要回敬一拳头。"

看来只有比画没有说话，就容易造成误会，那么，反之又如何呢？

在演讲场合，也许你见到过这种情景：有的演讲者从一上台到结束，两手始终下垂于裤线，一直保持着立正的姿势；有的演讲者像害羞的小姑娘，总是捏掰着自己的小手指；还有的演讲者，好不容易伸出手来，可是很不合时宜地胡乱比画了一下……生硬？沉闷？别扭？下次演讲的时候，可不要犯同样的错误喽！

海马爸爸演说能量

认识常见手形，学会用好手势

▼

手势是最灵活自如最富有表现力的，正如法国画家德拉克洛瓦所指出的那样，"手应当像脸那样富有表情"。手势大体有四种：形象性手势，即用来模拟形状物体的手势。象征性手势，用来表示抽象意义的手势。指示性手势，即指出、指明、指示具体对象的手势。情意性手势，即用来传递情感的手势。

在使用手势时要注意三点：第一，胳膊不要伸得过直，以免僵板；第二，手指不宜弯曲，以免拙笨；第三，手势运用要和它所配合的那句话同始同终，以免分裂。

下面介绍一些演讲中常用的手势：

掌心向下

掌心向前

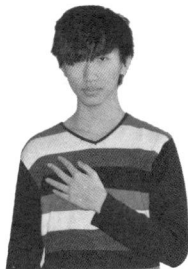
掌心向内

摆拳

抓指

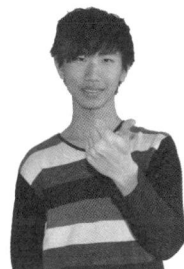
拇指

劈掌

啄指

举拳

叉指

掌心向上

食指

手势大类	手势小类	手势动作形式	手势动作含义
指法	食指	食指向上或向下伸直	起强调作用，即强调话题所涉及的人和物
		食指向前直指，指听众的某个人	表明说话的针对性，挑明话题，常有一定的威胁性
	拇指	向鼻前翘	表示称道自我
		向前或向后翘	表示夸奖别人
	啄指	五指接触，啄成一团，向内	表示反复强调重点
		五指指尖不接触，尖锐地对着听众	表明不是泛泛而谈，而是有某种针对性
	叉指	手指伸直叉开，可叉两指或三指或四指	一般都是表示数字，有时也可以表示摒斥
	抓指	五指僵硬地弯曲，呈爪状	表示力图控制全场，吸引观众
掌法	伸掌	掌心向上	表示征求意见
		掌心向下	表示要抑制和安定听众的情绪，制止某种行为的发生
		掌心向前	表示回避
		掌心向内，并向胸前缩拢或向外推	表示抚慰
		掌心向上并向外伸展，即摊开双手	表示希望听众理解
	劈掌	手掌挺直展开，像一把斧子嗖嗖劈下	表明要果断地下决心解决急于解决的问题
	合掌	双手慢慢合拢，一只手搭在另一只手上	表明有必胜的把握
拳法	摆拳	拳头向上摆动	表明说话者的心情不允许听众持有怀疑的态度，以此抓住听众的注意力
	举拳	拳头向上举起	这是一种挑衅性的动作，能给持不同观点的人以打击性的印象

Tips：在演讲中，忌讳以下动作：拍桌子；拍胸脯；拍手掌；拳头对听众；手指向听众指指点点；双手插入口袋；背着手；双手交叉在胸前；双手叉腰；双手乱动或乱晃；挠痒痒、抠鼻子、揉眼睛、抓耳挠腮等；摆弄衣角纽扣等；乱动话筒；拿桌上的东西；反复用手摸头发。

我向名家学演讲
于丹素手轻扬展风采

▼

2006年十一黄金周，于丹登上央视百家讲坛为大家解读《论语》，短短7天，迅速兴起一股"于丹热"，进而形成了文化上的一种"于丹现象"。尔后出现了一篇名为《喜欢于丹的理由》的帖子，帖子中提到："于丹在讲课的同时，常辅助以手势。她的手势不硬，都是弧线形的。"

于丹之素手轻扬，给观众留下了深刻的印象，对讲座的成功也是功不可没。于丹的每一个手势都力求简单、精炼、清楚、明了，做得干净利索、优美动人，不琐碎，更不拖泥带水。这些手势，使她的课讲得有声有色，显得生动、活泼而自然，增强了声音的感染力。这些手势，进一步补充说明了她的思想、情感与感受，就像她讲的内容一样，同样富有表现力。于丹这种象征型的手势，和声音、姿态、表情等密切配合，与讲课内容同步而协调，准确恰当地引起了听众的共鸣和联想。

我向名家学演讲
乔布斯举止尽显领袖风范
▼

　　自从1984年推出麦金塔电脑以来，乔布斯向世界奉献了一场又一场令人叹为观止的精彩演讲。听众心中充满了对他的敬畏和信任——他就像一位领袖人物。美国总统奥巴马曾经说过，无论是从事社区工作，还是把自己变成地球上最有势力的人，他所吸取的最宝贵的教训就是："永远表现出信心十足的一面。"

　　乔布斯站在舞台上，他的气场像旋涡一样有力，他的声音、手势和肢体语言无一不透出权威、信心和能量。有三件事贯穿乔布斯演讲的始终，那就是：注重目光交流，保持开放式姿势，并频繁运用手势。几乎每一句话，乔布斯都会运用手势进行强调。

　　芝加哥大学的戴维·麦克尼尔博士认为手势可以帮助演讲者更好地理顺自己的思路。他发现，那些受过训练、作风严谨、满怀信心的思想家更善于运用手势来清晰地表达思想。运用手势来强调你的观点。要小心，别让你的手势过于机械化，使你看上去像个机器人，或者显得表情僵硬，不够自然。换句话说，不要完全模仿乔布斯和他的举止，要做真实可信的自己。

PART **6**

少年演说家

用脑说

——思维反应训练

群众的眼睛是雪亮的，想要使你的听众信服，逻辑一定要严谨，思维一定要缜密，来挑战吧，让我见识一下你的脑洞有多大！

发散思维，
01 FASANSIWEI, JUYIFANSAN
举一反三

演讲知识窗

发散思维即沿着不同的角度和两条线以上的思路来分析问题、提出问题并找到不同的解决方案。它是一种无限制的思维。

故事会
树上还剩几只鸟
▼

老师提问同学："树上有10只鸟，开枪打死1只，还剩几只？"

这是一道脑筋急转弯，不够聪明的人会老老实实地回答"还剩9只"，聪明的人会回答"1只不剩"，但是有个学生却是这样反应的。

他反问老师："是无声手枪吗？"

"不是。"

"在这个城市里打鸟犯不犯法？"

"不犯。"

"您确定那只鸟真的被打死啦？"

"确定。"老师已经不耐烦了，"你只需要告诉我还剩几只就行了，OK？"

"OK，树上的鸟里有没有聋子？"

"没有。"

"有没有关在笼子里的？"

"没有。"

"边上还有没有其他的树，树上还有没有其他的鸟？"

"没有。"

"有没有残疾的鸟或饿得飞不动的鸟？"

"没有。"

"算不算怀在肚子里的小鸟？"

"不算。"

"打鸟的人眼睛有没有花？保证是10只？"

"没花，就10只。"

老师已经满头大汗，但那个孩子还在继续问："有没有傻得不怕死的？"

"都怕死。"

"会不会一枪打死两只？"

"不会。"

"所有的鸟都可以自由活动吗？有没有鸟巢？里边有没有不会飞的小鸟？"

"没有鸟巢。所有的鸟都可以自由活动。"

"如果您的回答没有骗人，"学生满怀信心地说，"打死的鸟要是挂在树上没掉下来，那么就剩 1 只，如果掉下来，就 1 只不剩。"

老师简直要被这名学生的发散思维给逼疯了！但我们还是不得不佩服这孩子，想得真多！

海马爸爸演说能量
发散思维训练
▼

讨论比较法

这种训练方法主要依据演讲主题，从不同的主体出发阐述对问题不同的看法。

以一则材料为例：

有一头驴，掉到了一个被人废弃的很深很深的陷阱里，主人权衡一下，认为救它上来不划算，就走了。只留下它自己孤零零的。每天还有人往陷阱里扔垃圾，驴很生气。自己真倒霉，掉到陷阱里，主人不要他了，就连死也不让自己舒服点，每天还丢那么多垃圾在它旁边。

可是有一天，它突然发生转变，开始把垃圾踩在自己的脚下，而不是在垃圾中被淹没，并从垃圾里找寻能填饱肚子的剩菜剩饭维持自己的体能。终于有一天，它的头露出地面。于是它使劲一蹿，重新回到了地面。

从驴和主人的关系来讲，我们可以谈到信任的高度。

从其他人往陷阱里扔垃圾来讲，我们可以谈人性的真善美、假恶丑。

从驴自身来讲，我们可以谈一个人的心态及努力的程度对自身发展的重要性，还有环境对人的影响等等。

联想穿越法

法国19世纪的评论家让·保罗曾说过："想象力能使一切片段的事物变为完全的整体，使缺陷世界变为完满世界；它能使一切事物都完整化，甚至也使无限的、无所不包的宇宙变得完整。"丰富的想象能让演讲变得生动、有趣和精彩，还可以运用穿越的戏剧手法打造突破时空的概念。

联想可以借由现实中的某一种状况，从而推理或猜测未来会有怎样的情况发生。联想运用得当可以使听众和你一起进入你创造的那种画面。类似于叙述，只是叙述是一种真实的描述，而想象可以自由伸展，根据自己的演讲内容来创造。

例如：

我现在生活在繁华的都市，可是每当我看见那些摆地摊的，在街头烤羊肉串的，卖煮玉米的，卖烧红薯的，还有那些修鞋的，我的心就情不自禁地抽动着。我会想到，他们是否在北京的某一个"贫民窟"里，在十几平方米都不到的房子里蜗居着。他们的孩子是否还在因为交不起借读费而辍学在家。他们年迈的父母在遥远的家里，孤苦伶仃，满是期盼地等待儿子和女儿回家。乡村的路上，留下的是白发苍苍的父母那一瘸一拐的脚印。什么时候，北京的霓虹灯能照到那里，什么时候，那些最朴实的老百姓都能安居乐业，不再流离失所……

在读上面这段文字时，你的脑海中是否浮现出类似的画面呢？因为作者真情流露，才会触景生情，从而产生联想。我们要做的就是由现实产生符合情感发展的联想，在演讲中多用此法可以推动演讲达到高潮。

演讲小练习：现在你有100把普通的木质梳子，进购价5元。烧脑的时刻到了，现在你要在一天时间内将这些梳子推销给方丈，方丈所在的庙宇信徒很多，每天游客络绎不绝，大家都很信服这位方丈，你会怎么介绍你的梳子呢？要让方丈自愿买下的同时还很感激你哦！

我向名家学演讲
杨澜用机智化解难题

▼

杨澜当年面试《正大综艺》主持人的时候，考官向她问道："你敢不敢穿三点式？"想要考验她的应变能力。

杨澜听后并没有觉得为难，她很快做出回答："这不是敢不敢的问题，而在于这样穿得不得体。如果在美国西海岸的浴场上，穿三点式是很正常的事；如果在一条民风淳朴的山村街道上，穿三点式是对那里人情的一种亵渎；如果在浴池里，穿三点式纯属多余。"

杨澜巧妙地转移焦点，以三种不同场合为例，说明自己的态度，巧妙地化解了尴尬。

逆向思维，
02 NIXIANGSIWEI,CHUQIZHISHENG
出奇制胜

演讲知识窗

语言表达的过程，实际上就是把思维外化的结果，通过一定的方式和形式表现出来的过程，即"说什么"和"怎么说"等。

逆向思维就是不采用人们通常思考问题的思路，而是反过来，从对立的、相反的角度和途径去思考。

故事会
让人纠结的选择
▼

你开着一辆车，在一个暴风雨的晚上，你经过一个车站。有三个人正在焦急地等公共汽车：一个是快要临死的老人，他需要马上去医院；一个是医生，他曾救过你的命，你做梦都想报答他；还有一个女人/男人，她/他是你做梦都想嫁/娶的人，也许错过就没有了。但你的车只能再坐得下一个人，你会如何选择？

在200个应征者中，只有一个人被雇用了，他的选择是："给医生车钥匙，让他带着老人去医院，而我则留下来陪我的梦中情人一起等公车!"

大多数人都停留在问题本身，纠结到底要选择谁，放弃谁，却忘记了原来可以把自己的位子让出来，让大家都得救，这便是一种逆向思维。

海马爸爸演说能量
逆向思维训练
▼

设立疑问

抱着科学求知的态度去思考问题，追究问题。如果演讲中善于提出不同寻常的问题，运用逆向辩证就会得出精彩的结论。

比如"一个和尚挑水吃，两个和尚抬水吃，三个和尚没水吃"的故事，常理是批评在生活中的攀比等现象，是消极批评的，假如没有深入这个故事去思考追究问题，我们只是浅显地得出人多了反而喝不到水。而没有向三个和尚怎样才能生活得更好这个方向发展。听到这个故事后，我们可以设立疑问："怎样让和尚越多生活越好呢？"向"人多力量大"的积极思维和积极的生活态度方向去探索，势必会给人更加积极乐观的思想启迪。

悖论求解

对一个概念或一种学说的悖论思考。

比如"1+1=2"的问题，是小学数学课本里的正确答案，但如果从反面来看，"2不一定等于1+1，2也等于3-1。或者1+1也许等于1，比如妈妈加爸爸等于一个我，或者妈妈加爸爸等于我们仨"这样正反两方面的思考，使得原先的命题出现了悖论，再顺势探讨，势必会得出一个惊人的答案。

对立互补

用对立的观点把握思维对象的方向发展，并由此立论展开分析，达到演讲目的的对立统一。既要看到事物之间的本质差异，也要看到事物之间因差异的存在而带来的互补性。

如"学习成绩"与"素质教育"，从传统的教学目的只在乎得高分来看，素质教育势必会耽搁学习时间而影响了考试分数，表面上来看学习成绩与素质教育是对立的；但事实上，在具体的发展过程中，这两者往往相辅相成，互相补充，素质教育会提升学生的学习兴趣和学习目的，反而激发了学习热情。所以在演讲中可以充分注意两者在表现出差异性的同时所带来的互补性。

我向名家学演讲
巴菲特的投资理念
▼

股神巴菲特有一句名言："在别人恐惧时贪婪，在别人贪婪时恐惧。"他是迄今为止，唯一一个只通过投资成为世界首富的投资大师，而他的成功之道就在于他的思维始终是清醒的，并且能看到别人看不到的事物的潜在价值。真正给巴菲特带来收益的往往是他在熊市，即股市下跌的时候买入的，这时的股票最便宜，长期投资的收益率也就越高。

纵向思维，深入浅出

03 *ZONGXIANGSIWEI,SHENRUQIANCHU*

演讲知识窗："纵向思维"是传统的思维方式，即从信息的某个状况直接推演到另一个状况，就好像盖一栋大楼时，把石头一块接一块牢固地叠起来。

故事会

三思而后言

▼

从前，有个叫刘大的人，他不善于说话，得罪了不少人。

有一次，刘大过五十岁生日，特意邀请了好友张三、李四、王五、赵六来家中欢聚。快要吃饭的时候，刘大看赵六还没有来，懊恼地说："该来的不来。"张三听了这句话心想："我们可能是不该来的。"于是拍拍屁股走了。刘大见张三莫名其妙地走了，就着急地说："哎呀！不该走的又走了。"李四一听，心想："看来我们是应该走的。"也不告而别了。刘大见李四又走了，摊摊手对着王五讲："你看，我又不是讲他。"王五心想："你不是讲他，那一定是说我了。"于是气呼呼地拔腿就走。刘大不明究竟，吃惊地说："啊！怎么都走了？"

刘大这是典型的头脑简单，想问题想得不够深，得罪了人还不自知。

海马爸爸演说能量
纵向思维训练
▼

如果说发散思维训练的是思维的广阔性，那么逆向思维训练的就是思维的独创性，纵向思维则是训练思维的深刻性。

广阔性可以说是思维训练的突破口，独创性是其主攻方向，而思维训练的终极目标是其深刻性。这是因为"求多""求异"这些特征显示的意义最终必须落到"求深"上，犹如开花的长远意义最终必须落实到结果之上。

由果溯因法

训练纵向思维可以通过由因溯果、由表及里的方法，连问几个"为什么"逐层深入分析。例如下面这则新闻，你怎么看？

深圳新闻网2009年10月4日讯，本报记者蔡志军摄影报道，今年4月，深圳各大媒体纷纷报道了北大才子陈生卖猪肉抢滩深圳市场一事，引起市民广泛关注。半年过去了，北大才子在深圳卖猪肉卖得怎么样？记者趁黄金周前往市场调查发现，"一号土猪"已从当初抢滩时的5家店迅速扩张到31家店，受到越来越多市民的欢迎。

我们从现象和纵深两个角度分析一下材料：

现象分析

（1）北大毕业生一般从事知识层次比较高的脑力劳动，卖肉则是文盲也可以做的事。

（2）受过精英教育的人居然甘做屠夫，故遭非议。

纵深分析

（1）人们头脑中对人的层次分明的归类，以及劳心劳力等界限的划分，是非议的原因之一。

（2）许多劳动不被人们承认，专业对口的观念根深蒂固。

（3）精英教育大众化以后，这种现象将层出不穷。人们应该改变就业和择业的观念。

（4）大学生卖肉可以提高该行业的文化层次，提高行业整体素质，这也是国民素质现代化的重要因素。

（5）非议最终会消失。

时间顺序法

按照事情发展的时间顺序依次阐述。

例如：余光中的《乡愁》

小时候，

乡愁是一枚小小的邮票。

我在这头，母亲在那头。

长大后，乡愁是一张窄窄的船票。

我在这头，新娘在那头。

后来啊，

乡愁是一方矮矮的坟墓。

我在外头，母亲在里头。

而现在，乡愁是一湾浅浅的海峡。

我在这头，大陆在那头。

材料分析： 那（小时候）的一枚邮票，那（长大后）的一张船票，甚至那（后来）的一方坟墓，以及（现在）的海峡都寄寓了诗人也是万千海外游子绵长的乡关之思。随着时间的过去，这份思乡之情不减反增。

海马爸爸教你说

思维四要素

▼

思维虽然不表露在外，却牵连着我们演讲的每一根神经。如果思维通畅，那么语言表达也就顺理成章。一个思维迟钝而又混乱的人，绝不可能滔滔不绝而又条理清晰地表达自己的思想。因此，口语表述水平的提高，很大程度上取决于表述者思维素质和能力的提高。

思维具有章法、广度、反应和角度等四个基本要素。

思维要素	含义
章法	即条理。思路清晰才能保证话语清晰畅达
广度	就是不仅看问题要全面，还要富于想象，穿越。使问题既宽泛又有深度

思维要素	含义
反应	即思维敏捷程度，灵活变通的速度。从思维向语言的转化到思维的变通，要求演讲者要具有根据情境与现场的变化随机应变地做出合理反应的能力
角度	即指演讲者看问题和要阐述话题的方向、观点。就像摄影师的镜头，拍摄的角度总是一成不变，拍出来的画面就显得平平无奇

例如，我在"家长如何陪伴孩子健康成长"讲座中，引入了唐山大地震的例子，我首先提出"唐山大地震中，夺去24万人生命的不是地震，而是盖房子的预制板"这一观点，进而联系到学生的学习，指出"现在造成我们部分学生厌学情绪的不是课本，而是教育模式和考试制度"。

这之中兼顾了思维所应具备的章法、广度、反应和角度等四个基本要素。既包含了演讲中的"案例"到"观点"的章法，又有"社会问题"的广度链接；既有从"地震"到"大批量的厌学情绪""预制板"到"教育制度"的快速反应，又有从"重大历史事件"看到"现在学生们现状"的角度，并预示如果不改变我们家庭和社会的教育方式，将会给孩子们带来什么样的结果，从而阐述当今我们对待学生的教育方法需要注意哪些方面。

软功夫篇

台前幕后的功夫

上台前的几分钟，决定你的演说是继续还是夭折。

心理素质过硬，仪表落落大方，举止动作优雅，

这些台前幕后的小心思，是渗透在演讲中看不见的软功夫，

你用了心，观众自然看得到。

PART 7

少年演说家

勇敢地说

——心理素质训练

自卑、紧张、急躁，演讲综合征你有吗？有也没关系，海马爸爸这儿有药，而且药到病除，童叟无欺！

战胜紧张，
01 ZHANSHENG JINZHANG,TAIRANZIRUO
泰然自若

演讲知识窗

紧张最明显的生理反应就是面红心跳，有的人也形容为心里打鼓。人们在遇到各种自己担忧、害怕的事情的时候，都会有不同程度的心理紧张。

故事会
狼比你更紧张
▼

有个人需要到河对岸去，河水湍急，河面上只有一座细长的吊桥，当他走到桥中间的时候，对面正好过来一匹狼，但最后他还是平安无事地过了桥。事后，有人问起，他说，当时他已无路可退，只好和狼对峙。对峙的时候，他忽然意识到，其实狼也紧张，所以虽然心里很害怕，他还是壮着胆子将目光迎了上去，狠狠地盯着狼。这样对视了一会儿之后，狼果然逃走了。

"狼也紧张，甚至比你更紧张。"我们在紧张害怕的时候，要谨记这一点。

海马爸爸演说能量
紧张心理的调适
▼

过度紧张不仅会让一个人脑子空白，而且会严重压抑一个人的智慧。比如正在考试的人，如果他紧张的话，很可能原先会做的题目此时无论如何也想不起来。人际关系的紧张会让一个人无法自如地面对别人，在社交场合中会显得与众人格格不入。而且，紧张会引起焦虑、忧郁、失望等负面情绪，对人的生理和心理健康也会有不利影响。

但是适当的紧张也会起到激励作用，比如面对考试、评比活动，人们会不自觉地兴奋起来，从而更主动地学习。这时候，紧张可以提高学习效率。例如：在咱们的教室里会经常有考试倒计时的小专栏。这就是为起到紧张激励的作用。

综合这两点利弊，我们要学会将紧张控制在一个度上，一旦感觉自己害怕到难以安宁的时候就要加以调试了。

主动应对，培养积极心态

人的紧张程度和他的阅历是成正比的，第一次上台肯定会紧张，但是讲多了，这种紧张程度就会慢慢降下来。因此遇到紧张的时候首先要想着积极面对，权当是又一次锻炼机会，打败它。

事先做好准备，降低期望值

在做演讲之前，先做好准备是万全之策哦。比如先打好腹稿，对着镜子或者家人试讲几次。这样多次下来紧张度也会下降很多。另外对自己期望值也不要过高，一般来说，完美主义者更容易紧张，因为他们对自己要求太高了，总希望事情能够十全十美，但这几乎是不可能的，我们只能追求卓越而做不到完美，所以学会平衡现实和目标之间的落差非常重要。

讲前放松训练

如深呼吸、唱歌，做这些可以暂时转移自己的注意力，让自己紧绷的神经放松下来，另外也可以做一些针对肢体放松的训练。

比如：

选择一个可以自由活动的地方，取一个自我感觉比较舒适的姿势，闭上眼睛，着意去想象蓝天、碧水、小鸟、蝉鸣。让心情慢慢安静下来，这样可以让自己的紧张情绪得到最大限度的释放。

转移注意力

上台演讲前，只关注于演讲本身，难免紧张，可以适度转移注意力，看一段搞笑视频或者讲一段笑话放松一下。

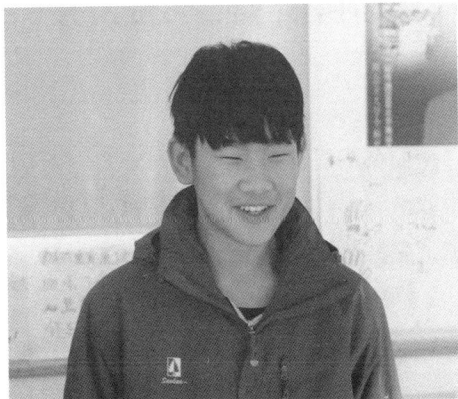

我向名家学演讲
帕瓦罗蒂临场紧张有奇招
▼

帕瓦罗蒂是世界著名男高音歌唱家，但这位大名鼎鼎的人物，每次演出前也会非常紧张。一开始，他采用演出前海吃一顿的方法，来缓解紧张情绪。虽然奏效，但也使他的体重急剧增加，体形肥胖。在医生给他下了最后通牒之后，他又采取了另一种新奇的方法：每次演出前总要到舞台上找一枚生了锈的弯铁钉，如果找到了，他就会心安理得地登台演唱；如果找不到，他就会罢唱。原来他的家乡流传着生锈的弯铁钉能给人带来好运的说法。知道了他这种奇特的心理安慰法后，承接他演出的单位总会预先在角落里放上一枚钉子。

我向名家学演讲
萧伯纳让自己习惯出丑
▼

英国戏剧大师萧伯纳的口才是有口皆碑的，但年轻时的他其实胆小木讷，拜访朋友都不敢敲门，常常"在门口徘徊20多分钟"而怯于开口。后来他鼓起勇气参加了学校的辩论学会，和对手争辩得面红耳赤也丝毫不退缩。他的演说，他的妙对，传颂至今。有人问他是怎么练习口才的，他这样说："我按照自己当初学溜冰的方法——固执地、一味地让自己出丑，直到我习以为常，也就克服了。"

不急不躁，
清风自来
02 BUJI BUZAO,QINGFENGZILAI

心理素质杀手之二：浮躁，指轻浮，做事无恒心，心绪不宁，脾气大，忧虑感强烈等。

故事会
急性子徒弟和慢性子师傅
▼

一禅院草地枯黄，徒弟对师傅说："快撒些草籽吧。"师傅说："随时。"徒弟去播种，秋风疾起，草籽飘舞，小和尚喊："草籽被吹散了。"师傅说："没关系，吹去者多半中空，落下来也不会发芽。"撒完草籽，几只小鸟即来啄食，小和尚又急了，师傅翻着经书说："没关系，随遇。"半夜一场大雨，弟子冲进禅房："这下完了，草籽被冲走了。"师傅正在打坐，眼皮都没抬说："随缘。"半个多月过去了，光秃秃的禅院竟长出青苗，一些未播种的院角也泛出绿意，徒弟高兴得直拍手。

你若盛开，清风自来。凡事不宜操之过急，坚持留到最后，才不会错过最美的风景。

海马爸爸演说能量
浮躁心理的调适
▼

浮躁的人并不是缺乏上进心，而是希望只付出些许努力后就得到立竿见影的效果。尤其是青年人，大多热情洋溢，对人生抱有很高期望，在面对实践时，对出现的困难和考验往往估计不足，很容易打退堂鼓。所以在演讲中你需要不断地充实自我，放开心胸。打造坚韧性格，逆流而上才能披荆斩棘，获得经验。

制订长久合理的计划

演讲，需要勤于阅读，勤于感悟。计划重在合理和长久，合理是指根据实际情况，自己一直能坚持下去。长久就是在合理的前提下，养成习惯，雷打不动。

培养毅力

不管现状多么糟糕，都要持之以恒。我们可以品尝失败的滋味，但是也要相信胜利会很快到来。

一鼓作气拼到底

当你心浮气躁、想放弃的时候，告诉自己要坚持下去，不把问题解决掉决不罢休，这样，你距离成功就不远了。

培养忍耐力

做一件自己一直认为枯燥或者大众认为枯燥无聊的事情，定好坚持的时间。比如你在三个小时内反复地书写"永远"两个字，挑战一下自己，会承受不住，还是坚持不懈，还是做到精致？锻炼你的持久性和忍耐力，不仅是能忍受一件事情的发生，而且要发现转变观点的点，发现事物另一面的价值！

我向名家学演讲

王国维境界说

▼

国学大师王国维曾说过，古今成大事业、大学问的人，都必须经历三种境界：一是"昨夜西风凋碧树，独上高楼，望断天涯路"的寂寞、孤独；二是"衣带渐宽终不悔，为伊消得人憔悴"的执着和坚持；三才是"众里寻他千百度，蓦然回首，那人却在灯火阑珊处"的辉煌和成功。

成功有其必经的过程，不用介怀，你想要的岁月都会给你。

姜子牙苦等愿者上钩

▼

　　姜子牙可谓中国谋略家的开山鼻祖，然而半生寒微，择主不遇。他虽贫寒，但仍胸怀大志，勤苦学习，始终不倦地研究、探讨治国兴邦之道。直到暮年，他终于遇到了施展才华之机。传说他为了接近文王，用直钩钓鱼，且不用鱼饵，文王觉得这真是奇人，便招入帐下。

　　等了半生，终遇明主，此后，他一路辅佐周文王，壮大周国。周武王伐纣，太公为军师，牧野大战，灭商盛周，立了首功。周初分封，姜子牙被封为齐国君主，顺风顺水。姜子牙治国有方，创建了泱泱大国，累世相续，为后来的齐桓公"九合诸侯，一匡天下成为五霸之首"奠定了基础。

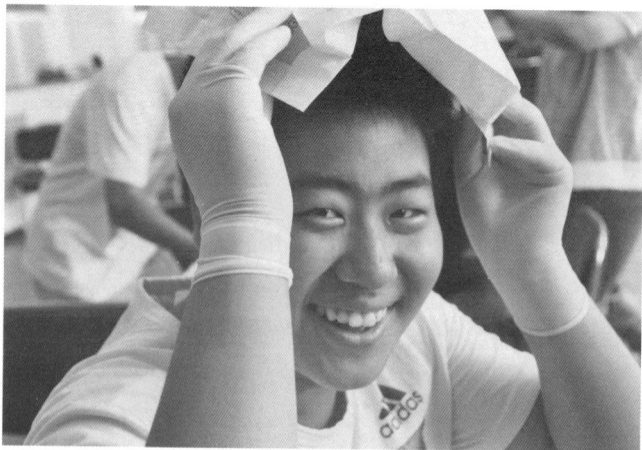

克服自卑，昂首挺胸

03 *KEFU ZIBEI, ANGSHOUTINGXIONG*

演讲知识窗

　　心理素质杀手之三：自卑，简单来说就是感觉自己不如别人，自卑的人往往低估自己，因此在人际交往中会望而却步。

故事会
你本来就很美
▼

　　有一个小女孩，她认为自己长得很丑，所以总是低着头走路，也从来不跟同学面对面地聊天。

　　有一天，她到小卖部买发卡，试戴的时候，店主过来了，看着她头上的发卡说："哇，你戴这个发卡太漂亮了！"女孩不自信地问道："真的吗？"店主很坚定地说："真的，你可以让同学们看看啊。"

　　小女孩很兴奋，急着要给同学们看，跑太急了，撞到路人，发卡掉了，她也没发现。在学校门口遇到老师，老师惊讶地夸她："你今天怎么这么漂亮啊。"她更加高兴地跑进教室，好多同学都惊讶地发现她怎么跟以前不一样了呢，非常好奇地问她："你今天怎么变得这么漂亮啊？"她不好意思地回答说："不是我漂亮，是我戴的发卡漂亮。"同学们说："哪里有发卡啊，还是原来的你啊。"这时，小女孩摸了一下头发，真的没有发卡啊，怎么回事？

　　人们都向往美好的事物，希望自己是最漂亮的，可是长相是天生的。人们的审美标准也并非一成不变。小女孩终于抬起了头，脸上有了笑容，这才是她"变美"的原因，而不是因为那个发卡。

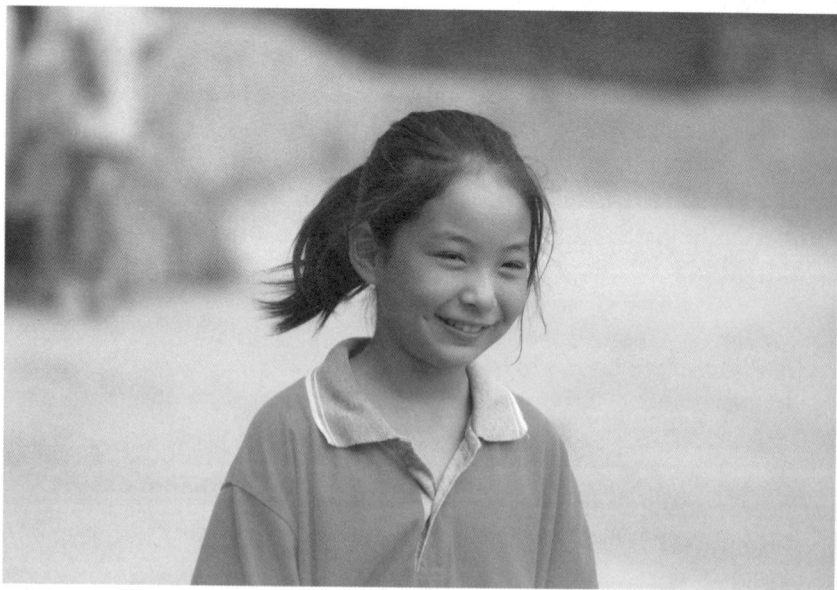

海马爸爸演说能量
自卑心理的调适

▼

　　去寻找你的长处，不要再跟自己的短处较劲。当然，前提是你全力以赴了。

　　当你还在为相貌而自卑时，要记住，自信就是最美的相貌，只要你自信，全世界都会为你的"美丽"而倾倒。

　　寻找自己的暗示语，比如"我能行"，"我是最棒的"！在自己怯场的时候给自己加油打气！你的专属暗示语是什么？在为自己确定好暗示语后，在别人需要鼓励的时候，不吝你的暗示语，鼓励他们，让更多的同学变得自信起来，在缓解别人紧张、自卑情绪的过程中，更加相信暗示语的力量！

　　日常生活中，在和别人交流时，直视别人的眼睛。录制一份三分钟视频，比拼与同伴眼睛直视的场景，比比看谁先将对方"打败"逗笑。总结自己在什么样的情况下更有优势，是咬紧嘴唇、眯着眼睛，还是心中想着其他严肃的事情等，找到你独一无二的优势点！

我向名家学演讲
贝利专注进球战胜自卑

▼

　　一代球王贝利初到巴西最有名气的桑托斯足球队时，他害怕那些大球星瞧不起自己，竟紧张得一夜未眠，他本是球场上的佼佼者，却无端地开始怀疑自己，恐惧他人。后来他设法在球场上忘掉自我，专注踢球，保持一种泰然自若的心态，从此便以锐不可当之势进了一千多个球。

　　球王贝利战胜自卑的过程告诉我们：不要怀疑自己、贬低自己，只要勇往直前、付诸行动，久而久之，就会从紧张、恐惧、自卑中解脱出来。

我向名家学演讲
林肯人丑就要多读书
▼

　　解放黑奴的美国总统林肯，不仅是私生子，出生微贱，且面貌丑陋，言谈举止缺乏风度，他对自己的这些缺陷十分敏感。为了补偿这些缺陷，他拼命自修，以克服早期的知识贫乏和孤陋寡闻。他在烛光、灯光、水光前读书，尽管眼眶越陷越深，但知识的营养却补偿了他自身的那些缺陷，也帮助他摆脱了自卑，并成为有杰出贡献的美国总统。

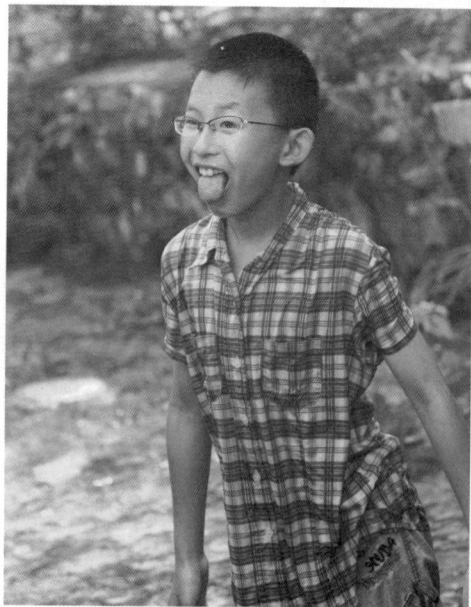

自信演讲，
传你大招

04 ZIXIN YANJIANG,CHUANNI DAZHAO

演讲知识窗

每个人心中都有一颗跃跃欲试的好奇心，只是被我们的另一种消极的想法阻碍了。其实面对人群讲话时，获得自信和勇气以及沉着、清晰思考能力的难度不及绝大多数人所想象的十分之一。

故事会

尼克松败于自信

▼

尼克松是我们极为熟悉的美国总统，但就是这样一个大人物，却因为一个缺乏自信的错误而毁掉了自己的政治前程。

1972年，尼克松竞选连任。由于他在第一任期内政绩斐然，所以大多数政治评论家都预测尼克松将以绝对优势获得胜利。

然而，尼克松本人却很不自信，他走不出过去几次失败的心理阴影，极度担心再次出现失败。在这种潜意识的驱使下，他鬼使神差地干出了后悔终生的蠢事。他指派手下的人潜入竞选对手总部的水门饭店，在对手的办公室里安装了窃听器，也就是著名的"水门事件"。事发之后，他又连连阻止调查，推卸责任，以至于选举获得胜利后却要被迫辞职。本来稳操胜券的尼克松，就是因为缺乏自信而导致惨败。

对于演讲，有些心理上的不适是正常，在演讲还没有开始之前，我们都会担心忘词怎么办，说得不好怎么办？只是太在意结果，反而会令我们更加慌张和不知所措，保持一颗平常心，把想说的话大声说出来！

海马爸爸演说能量
演讲中的心理技巧
▼

优化自我形象

据调查，听众对演讲的重视程度依次是：谁来发表演讲——他如何进行这场演讲——他在讲什么。也就是说，听众在听演讲之前首先关注的是演讲者的形象，其次是演讲者的演讲方式，最后才是演讲的内容，所以演讲者在听众心目中的形象是演讲成败的关键，优化自身形象也就成了演讲者在开始演讲前的必备工作。

树立自身权威

演讲者询问自己以下问题，并给出肯定的回答。

我是不是独一无二的？

我比水平相当的其他同学更幽默吗？

对于我的话题，是否更权威？

这个话题为什么由我来讲？

他们对我或我的话题感兴趣吗？

我拥有别人无法得到的信息来源吗？

回答这些问题，确认它，你就已经在心理上确认了自己的权威形象。

良好的演讲习惯

良好习惯要注意以下十个方面：

好习惯	说明
熟悉场地	争取熟悉你要发表演讲的环境。提早到达并巡视讲台，练习使用麦克风和其他辅助视觉设施
熟悉听众	在听众进入会场时向他们致意。向一群友好的人演讲总比对一群陌生人演讲来得容易些
熟悉你的讲稿	如果你不熟悉你的稿子或者对它不满意，你的紧张感就会增强。演练你的演讲稿，并且做必要的修改
放松自己	做些准备活动来松弛你紧张的神经，比如深呼吸等
设想你自己演讲时的情景	想象你自己侃侃而谈，声音洪亮、吐字清晰、充满自信的画面。如果能设想自己成功，你就一定会成功
要意识到在场的人们希望你成功	听众希望你的讲话兴味盎然、催人向上、旁征博引且风趣幽默。他们不愿看到你把事情搞砸
不要当场道歉	假使你说到你的紧张或为你觉得任何讲稿中感到不妥的地方表示歉意，你就可能是在提醒听众注意一些他们其实并未意识到的东西
适当转移注意力	上台演讲前，只关注与演讲本身，难免紧张，可以适度转移注意力，看一段搞笑视频或者讲一段笑话放松一下

续表

好习惯	说明
把紧张转化为积极的动力	要控制你的紧张情绪并把它变成活力和热情，爱上演讲
积累经验	经验会带来自信。演讲的次数多了，自然就没那么紧张和害怕了

我向名家学演讲
小泽征尔坚信自己赢得桂冠
▼

小泽征尔是世界著名的交响乐指挥家。在一次世界优秀指挥家大赛的决赛中，他按照评委会给的乐谱指挥，发现了不和谐的声音。起初，他以为是乐队演奏出了错误，就停下来重新演奏，但还是不对。他觉得是乐谱有问题。这时，在场的作曲家和评委会的权威人士坚持说乐谱绝对没有问题，是他错了。面对一大批音乐大师和权威人士，他思考再三，最后斩钉截铁地大声说："不！一定是乐谱错了！"话音刚落，评委席上的评委们立即站起来，报以热烈的掌声，祝贺他大赛夺魁。

原来，这是评委们精心设计的"圈套"，以此来检验指挥家在发现乐谱错误并遭到权威人士"否定"的情况下，能否坚持自己的正确主张。前两位参加决赛的指挥家虽然也发现了错误，但终因随声附和权威们的意见而被淘汰。小泽征尔却因充满自信而摘取了世界指挥家大赛的桂冠。

PART 8

少年演说家

优雅地说
——演讲中的礼仪

演讲，就是要我们在对的场合说对的话。在说之前，第一印象也很重要，帅气优雅地走到台前，开始你的 Showtime！

闪亮
01 SHANLIANG DENGCHANG
登场

在演讲中，作为一位向他人宣扬主张的人不仅要彰显博学多才、能言善辩的辞令，而且还要有容人的雅量和翩翩君子的形象。

故事会
装扮是对别人的尊重
▼

传说蜗牛从前没有壳，软绵绵的身体招致动物耻笑。蜗牛爬到上帝那里，祈求上帝赐给他一个壳。上帝说："为什么一定要装美丽的壳呢？虚伪还是自欺欺人？"蜗牛郑重回答："为了尊重朋友们。"

打扮不只是给自己看的，也是给别人看的。一次完美的演讲，是由美的声音、美的文字和美的仪表构成。如果少了其中的任何一样，都不能称为完美的演讲。

海马爸爸演说能量
着装有讲究
▼

男士

短发，清洁、整齐；

刮胡须，清洁牙齿；

衬衫整齐，无污迹；

领带紧贴领口，美观大方；

西装平整、清洁；

短指甲，保持清洁；

皮鞋光亮。

女士

发型文雅、庄重，梳理整齐；

淡妆，面带微笑；

着正规套装，大方、得体；

首饰不宜过多；

指甲不宜过长，并保持清洁；

丝袜无破洞；

鞋子漂亮、清洁。

服装的选择

男士演讲常着西装，女士也很普遍。男士也可选穿单件西装上衣。西装一定要优质，粗劣的西装会损害演讲者的风度。深色西装要配白衬衣、黑皮鞋与黑袜子；带条纹的西装不要配方格衬衣；带方格的西装也不要配条纹衬衣；庄重的西装要配真丝或人造丝领带；带碎花的西装配各种领带都合适。

根据体形选择款式

体形	服装搭配
X形（沙漏形）	对女性来说，这是理想的、标准的体形，这样的人无论穿哪种款、色的服饰都恰到好处
V形	对男性来说，这是最标准、最健美的体形。这种身材的女性选择服饰时，上衣最好用暗灰色调或冷色调，也可以利用饰物色彩强调来表现腰、臀和腿，避免别人的注意力集中到上部。上衣不宜选择艳色、暖色或亮色，也不宜选择前胸部有绣花、贴袋之类的色彩装饰
A形（梨形）	服饰色彩的选用原则与"V"形体形的人大致相反。下身可选用线条柔和、质地厚薄均匀、色彩偏深的长裙，上下身服饰色彩反差不宜过小，并扎上一条窄的皮带。或者下裙用较暗、单一色调（或深蓝裙子），配以色彩明亮、鲜艳的、有膨胀感的上衣（如浅粉色上衣），并在领线处挂大的饰物
H形	这种体形特征是腰线不明显，可以通过颈围、臀部和下摆线上的色彩细节来转移对腰线注意的视线，同时，也可采用色彩对比较强的竖条纹的连衣裙，搭配一根深色宽皮带。服饰长度宜长不宜短
肥胖型	肥胖体形的人适宜穿用深色、竖条纹，不宜穿色彩太艳丽或大花纹、横纹等服饰，色彩上忌上身深下身色浅，这样会增加人体不稳定感。冬天，不宜穿浅色外衣；夏天，不宜穿暖色、艳色或太浅的裤子。款式上切忌繁复，要力求简洁明了，面料不宜过厚或过薄

续表

体形	服装搭配
瘦削型	矮小瘦削型不能穿太宽大和大格子的上衣，可选穿浅灰色、浅黄、褐色等有膨胀感颜色的衣服，穿直筒裤遮盖略高的鞋跟 高长瘦削型宜穿带有衬肩的大披领宽松上衣，男士穿夹克很合适。可穿带有大方格、横条纹的上衣，裤子不宜过于肥大。女士不要穿窄腰或领口很深的连衣裙，面料图案不宜选直线条的
特型	比如驼背者应避免加大的渲染，最好不要在服装背后开口，可用大领子起遮掩作用；胸部瘦小者，不要穿紧身服装；水桶腰应尽量选择无腰线设计的裙装；臀部肥大者宜穿浅色上衣、深色裤子或裙子

根据情境选择颜色

服装的不同颜色可以表达不同的含义：

白色是纯真、洁净的象征，也能给人以恐怖、神圣的感觉；

黑色是严肃、悲哀的象征，也能给人以文雅、庄重的感觉；

紫色是高贵、威严的象征，也能给人以神秘、轻佻的感觉；

绿色是青春、生命的象征，也能给人以恬静、新鲜的感觉；

红色是热情、喜庆的象征，也能给人以焦躁、危险的感觉；

蓝色是智慧、宁静的象征，也能给人以寒冷、冷淡的感觉。

演讲时不宜以单色调打扮，而是在某一基色调基础上求得变化。配色一般不超过三个颜色，并按不同比例搭配。

服装配色的方法有两种，一是亲近色调和法。即将颜色相似，但深浅浓淡不同的颜色组合在一起。这是一种常用的、较安全的配色方法。比如深蓝与浅蓝相配等；二是对双色调和法。即以一色衬托另一色，互相陪衬，相映成趣。如黄色配紫色等。

常用的理想配色是绿色配黄色，中灰配褐色；红色配淡褐，深红配浅蓝；深蓝配灰色，土红配天蓝；棕色配橄榄色，宝蓝配鲜绿；炭灰配浅灰，粉红配亮绿；金黄配朱红，玫瑰配深红；栗色配绿色，橙色配淡紫色；黄色配棕色，浅蓝配浅紫；草绿配猩红，紫色配黄、橙；海蓝配朱砂，宝蓝配鲜绿；中棕配中蓝，酒红配黄红；原色组合（红、黄、蓝）；黑白相间（"黑""白"两色被称为"救命色"，几乎可与任何颜色相配）。

演讲者衣物配色还应考虑到演讲场地的灯光颜色。在灯光下，所有的颜色都会带上若干黄色色调，使原配色加深。所以，如果演讲是在晚间进行，选择衣物时最好是在灯光下配色。

饰物的选择

演讲是生活风采的体现，不是艺术表演。所以，演讲者没必要浓妆艳抹，只要保证衣着整洁，打扮大方，化生活妆就可以了。

仪表整洁会增添演讲者的魅力，因为整洁的衣着代表着振奋、积极、向上的精神状态。听众通常从演讲者的衣着来衡量其文明与修养的程度。因此演讲者事先要认真"打扫"自己：

脸要洗净，头要梳好，胡要修净，并保持牙齿洁白，齿缝不留异物。

男士不宜蓄长发，女士发型也应简洁、流畅、自然、明快。圆脸型可采用中分式，以升高头顶部头发，露出双耳与脖子；长脸可以前发横流式，刘海式或瀑布式，要让头发蓬松，使脸变宽；方脸盘应力求圆滑，以掩盖额头和下巴棱角，如两颊可留长卷发，以遮盖两下颊；低额头最好梳平头；额头过高的前面应留短发或梳发卷；短脖的可留发或梳高头；大脖子应留长发；翘下巴的人不宜梳高头，也不留短发，最好留长发，将耳朵盖住；下巴过小的则不宜梳平头和使头发盖住耳朵；鼻子过短的人不宜梳短发。

在一些场地稍宽阔的地方演讲，面对强光的照射，可略施浓妆，但不能戏剧表演化。女士不可以洒太多香水，更不要洒在衣服上，否则容易刺激得听众不舒服。薄嘴唇的口红可涂得饱满些，厚实的嘴唇不宜涂得太多。面部可略施香粉或胭脂，以保证脸部洁净、清爽、红润和有层次感。

另外，演讲时要尽量减少一些叫人有累赘感的物件，做到轻装上阵。

鞋子的选择

根据心理学家的研究，在服装中，鞋子对情绪的影响最大。穿一双陈旧的软底的鞋子会叫演讲者感到精神萎靡，加深沮丧的情绪。相反则会使演讲者感到信心百倍，精神振奋。

选择鞋子不宜盲目追求式样的摩登新潮，要适合自己的脚型与体型，还要考虑到整体的协调与演讲内容的限制。如脚型大的演讲者不宜穿白色的鞋子，白色有一种膨胀感，灯光一照更是显眼。身材矮小型的女性不宜穿很高的高跟鞋，太高不利于运气发声。细高跟的凉鞋以白色为最好，白色与夏天服饰最易搭配。选用鞋子时还要注意袜子的搭配。穿裙子宜穿长筒裤袜和连衣裙袜并穿皮鞋。裤袜的色泽一般选用与肤色相同或稍淡些的。

演讲者不论穿什么服装，最适宜穿皮鞋。穿皮鞋上场显得端庄、高雅、大方。穿的皮鞋要与衣着颜色相配，保证皮鞋的干净、锃亮。最好不要穿钉有铁掌的皮鞋，以免上场时有刺激声而影响听众的情绪。

演讲小练习：

我该穿什么衣服？

①今天竞选班长；

②今天国旗下讲话；

③晚上有爷爷 80 寿宴，我来发言祝寿；

④到天安门参加国庆庆典；

⑤海马爸爸给孩子开讲学习规划；

⑥姐姐结婚，我是伴娘。

提示：

服装：帽子、上衣（包括衬衣）、裤子、腰带、裙子、袜子、鞋子等

颜色：红、黄、蓝、黑、紫、灰、白、绿等其他

发型：活泼、严肃、嘻哈、搞笑、干净普通等

举止大方

02 JUZHI DAFANG

演讲礼仪是指能够使得演讲这种交流方式达到最佳效果的形象设计、行为方式和沟通技巧。在演讲中，按照交流进行的顺序，从走上演讲台起，观众对你的印象一般基于三个方面：即见其人，闻其声，听其言。

演讲知识窗

故事会
一张改变人生的废纸

▼

美国福特公司名扬天下，不仅使美国汽车产业在世界占据鳌头，而且改变了整个美国的国民经济状况，谁又能想到该奇迹的创造者福特当初进入公司的"敲门砖"竟是"捡废纸"这个简单的动作？

那时候福特刚从大学毕业，他到一家汽车公司应聘，一同应聘的几个人学历都比他高，在其他人面试时，福特感到没有希望了。当他敲门走进董事长办公室时，发现门口地上有一张纸，很自然地弯腰把它捡了起来，看了看，原来是一张废纸，就顺手把它扔进了垃圾篓。董事长对这一切都看在眼里。福特刚说了一句话："我是来应聘的福特。"董事长就发出了邀请："很好，很好，福特先生，你已经被我们录用了。"这个让福特感到惊异的决定，实际上缘于他那个不经意的动作。从此以后，福特开始了他的辉煌之路，直到把公司改名，让福特汽车闻名全世界。

有些人平常随性惯了，很容易忽略一些人际交往中的礼仪细节，也让他错失了一些良机，我们要做的就是改变这些不良习惯，成为生活中的有心人。

海马爸爸演说能量
仪态有规范
▼

听众对演讲者傲慢的态度、轻佻的作风、随便的举止极为反感。演讲者由站起身到走向讲坛面对听众站立的十几秒钟里，给广大听众留下的印象非常重要，需要表现得不卑不亢、彬彬有礼才不失身份。

在主持人介绍你之后，先向主持人颔首微笑致意，然后稳健地走到讲坛前，自然地面对听众站好，向听众行举手礼、注目礼或微微鞠一躬，然后目光环视全场，以示招呼，也是作为把控场面的重要一点。

仪态	规范
站姿	抬头挺胸收腹、目视前方、肩要平、腰要直，双臂自然下垂。忌弯腰驼背或双手撑在讲坛上或者插入衣兜内，这样显得松垮、懒散 站立时，男士应两脚分开，比肩略窄，双手合起放在背后；女士应双脚并拢，脚尖分呈V字形，双手合起放于腹前
坐姿	入座时要轻，至少要坐满椅子的2/3，后背轻靠椅背，双膝自然并拢（男士可略分开）。身体可稍向前倾，表示尊重和谦虚
步姿	步伐沉稳，走动不易过多，不可一步三晃，扭扭捏捏
视线	眼睛不能总看讲稿、照本宣科地念讲稿。忍受众目睽睽的秘诀，就是一面进行演讲，一面从听众中寻找投以善意目光的人，无视那些冷淡的目光
表情	人的任何情绪都会表现在脸上，管理表情的方法，首先"不可垂头"。人一旦"垂头"就会给人"丧气"之感。另一个方法是"缓慢说话"。说话速度一旦缓慢，情绪即可稳定，脸部表情也得以放松
声音	演讲者声音发出的方向应该沿着嘴部的水平线而稍微向上，研究表明声音低沉会让人有种威严沉着的感觉 如果无法改变音色，可以控制说话的语速，需要营造沉着气氛时语速放缓，标准大致为每秒2~3个字；需要营造激情氛围时语速加快，标准为每秒4~6个字
称呼	演讲中对听众的称呼有泛称和类称两种，泛称是具有较大的广泛性，能普遍使用的称呼，如"同志们""同胞们""朋友们"等；类称是指具体适用于某一类别的称呼，如"领导们""同学们""战友们"等
用语	避免一些口语：过多方言、外来语；不堪入耳的粗语；习惯赘语如"这就是说""然后"等；吞吞吐吐的语气词如"呃""那个"等

走下讲坛时的礼仪应该是向听众点头示意或稍鞠一躬，然后含笑退场，如遇听众鼓掌应表示感谢并面向听众敬礼，态度应真诚、谦逊。避免退回座位时匆匆忙忙、扬扬得意或者羞怯、忸怩。

目光控场术

有的人在演讲时由于羞涩等原因，不好意思直视听众，低着头，像一个犯了错误的孩子，一副做检讨的模样，说话的声音又小，导致听众失去听讲的欲望。目光是意志的体现，眼神是心境的流露。在演讲中，捕捉听者的神情变化，洞察他人的内心世界，反映抑扬起伏的情感，辅助口头语言的表达，都要靠目光语言。

扫视

用目光迅速环顾全场，照顾到每一位听众，让每一个人都觉得你在看着他，听众容易被吸引，集中精力从而与演讲者达成一种默契。

直视

演讲者的眼光可以在不同的区域内停留，感觉像是在跟某个人说话。而实际上从台下听众的角度看，更大范围内的人都可以感受到演讲人执着、热情的目光，而不由自主地与之相呼应。

制止性的眼神

在演讲中如果有观众没有专心听，甚至在讲小话，你的演讲可以暂时停下来，给予一点制止性的眼神，说话者自会领悟并知趣地停止；

鼓励赞许的目光

对于想发问但欲言又止者，应投以鼓励赞许的目光，给他们以勇气，及时递上话筒，让听众畅所欲言，使气氛活跃起来。

察言观色

更重要的是，演讲者在演讲时要注意察言观色，观察听众的反应，捕捉细微的动向，必要时补充说明，及时稳定场内情况。

手势运用术

演讲中，初学者由于紧张可能会出现手势跟语言跟不上的情况。比如美国前总统尼克松在一次记者招待会上，举起双手想招呼记者站起来，嘴上却说"大家请坐"；还有一次用手指着听众，嘴上却说"我"，然后又指着自己说"你们"，闹出了不少笑话，也让他的形象打了折扣。手势在演讲中的作用既特殊又很重要，所以我们平时一定要对着镜子多加练习。

1.用在涉及某个话题、对象和物件时，提醒听众注意时用的。食指直伸，其余手指内曲。

2.表示欢欣、请求、许诺或谦逊。手指向上，与耳朵约成45度角，拇指力张，食指伸直，其余手指微屈呈现自然状态。

3.表示干脆、有力、大方的手势，强烈地吸引公众的注意。手的姿势开始呈现握笔写字的姿势抓举状态，然后五指向外展开，呈现一个五指分开又绷直的手掌。

4.表现痛苦、慎思或自责自省的状态。手掌附于前额上部，与脸部表情配合。

5.双掌合十。高举者是祈祷、感激的示意；两肘举起，则是激愤、怨恨情感的自然流露。

6.表示演讲者的愤怒、决断、警告等强烈情感。紧握拳头，或高举或挥动，或直锤或斜击。

7.肩部以上的动作手势表示理想、拼搏、张扬、向上的内容和情感；动作在肩部至腹部，多表示平静地记述事物和说明事理，腰腹部以下的动作表示憎恶、鄙夷、不屑、厌烦等内容和情感。

我向名家学演讲
闻一多最后一次的讲演

▼

　　1946年7月11日，闻一多的挚友李公朴惨遭国民党特务杀害，闻一多不顾安危，毅然出席了追悼会。追悼会上，李夫人泣不成声，与会者一千余人潸然泪下，混进会场的特务却在一旁嬉笑闹场。闻一多满腔愤怒，拍案而起，发表了这篇即席演讲。据目击者说："闻先生的演讲激昂慷慨，人们屏息以听，至公堂静得只闻先生洪亮的声音载着烈火一样的语言在回响，或者就是暴风雨般的掌声震撼屋宇。整个气氛简直使那些混迹其间的特务分子无容身之地。"

　　就在演讲完的当天下午，闻一多先生遭到特务的暗杀，这也成为他的最后一次演讲。字字句句说得义正言词，一举一动真情流露，他的声音振聋发聩，令反动分子感到害怕，以至于要杀死闻一多才能安心，然而就像闻先生说的"你们杀死一个李公朴，会有千百万个李公朴站起来！"，肉体的死亡并不能阻止精神的永存。

PART 9

少年演说家

演讲技巧

掌握一定的演说技巧让演讲变得事半功倍，但"师傅领进门，修行在个人"，可不能把这些技巧当万能胶，要养成自己的演讲风格。

忘词了，
01 WANGCI LE,MOHUANG
莫慌

当演讲者登上演讲台时，需要清晰的记忆，否则若经常忘词口吃，就会影响演讲效果。所以演讲准备时可以通过大声朗读，反复地训练来加强讲前准备。

演讲知识窗

故事会
他救不如自救
▼

"国际章"当年不经导演同意，一个箭步冲上柏林领奖台抢风头，这股牛劲早在考中戏的时候就显出端倪。

通常考影视或戏剧学院表演专业的学生，都要参考朗诵、表演、形体和声乐这四样，即所谓的声台形表，初试时面试官要求章子怡朗诵诗歌，她选了一首名为《如果我是一滴水》的诗。结果朗诵到一半就把后边的词全忘了，只能愣在台上，还是一位男老师接着她的背完了，章子怡还淡定地说了句："谢谢老师帮我背完了。"

忘词确实是挺让人尴尬的事情，这直接影响着我们演说的效果。在演讲成功的道路上既需要我们有不怕出丑的精神，也可以通过掌握一定的现场应变技巧，巧妙地自救。

海马爸爸演说能量
记忆有术
▼

常吃 12 种食物

健忘是现代人的通病，记忆力的衰退也是大脑衰退的表现。营养专家发现，一些有助于补脑健智的食品，并非昂贵难觅，而恰恰是廉价又普通之物，日常生活随处可见。比如牛奶、鸡蛋、鱼类、玉米、黄花菜、菠菜、花生、小米、辣椒、橘子、菠萝等。

记忆遗忘规律

艾宾浩斯遗忘曲线表明，在记忆的最初阶段，遗忘的速度很快，后来就逐渐减慢了。经过一段相当长的时间后，几乎就不再遗忘了，这就是遗忘的发展规律，即"先快后慢"的原则。

观察这条遗忘曲线，你会发现第一天遗忘速度最快，学得的知识在一天后，如不抓紧复习就只剩下原来的25%。随着时间的推移，遗忘的速度减慢，遗忘的数量也就减少了。到了第6天后，遗忘就很少发生了。也就是说，如果你学习的新知识到第6天还没有被遗忘，那么你很有可能会永远记住它。在记忆的过程中要善用遗忘规律，及时复习和巩固，避免前功尽弃。

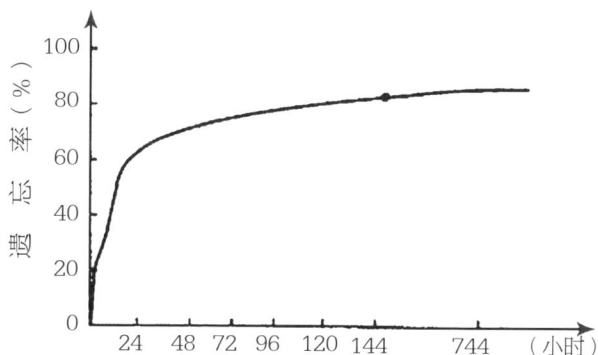

艾宾浩斯遗忘曲线

记忆心理学

注意力集中

记忆时要聚精会神、专心致志，排除杂念和外界干扰，大脑皮层就会留下深刻的记忆痕迹而不容易遗忘。如果精神涣散，一心二用，就会大大降低记忆效率。

兴趣浓厚

如果对学习材料、知识对象漠不关心，即使花再多时间，也难以记住。

理解记忆

理解是记忆的基础。只有理解的东西才能记得牢且记得久。仅靠死记硬背，则不容易记得住。对于重要的学习内容，如能做到理解和背诵相结合，记忆效果会更好。

过度学习

学习材料在记住的基础上，多记几遍，达到熟记、牢记的程度。

及时复习

遗忘的速度是先快后慢。对刚学过的知识，趁热打铁，及时温习巩固，是强化记忆痕迹、防止遗忘的有效手段。

经常回忆

学习时，不断尝试着回忆，可使记忆中的错误得到纠正，遗漏得到弥补，将学习内容难点记得更牢。闲暇时经常回忆过去识记的对象，也能避免遗忘。

视听结合

可以同时利用语言功能和视、听觉器官的功能来强化记忆，提高记忆效率，比单一默读效果好得多。

多种手段结合

根据实际情况，灵活运用分类记忆、图表记忆及编提纲、做笔记、卡片等记忆方法，均能增强记忆力。

最佳时间

一般来说，上午9～11时，下午3～4时，晚上7～10时，为最佳记忆时间。利用上述时间记忆难记的学习材料，效果相对较好。

科学用脑

在保证营养、积极休息、进行体育锻炼等大脑保养的基础上，科学用脑，防止过度疲劳，保持积极乐观的情绪，能大大提高大脑的工作效率。这是提高记忆力的关键。

演讲稿背诵

如果我们对演讲稿只是死记硬背，在讲的过程中很容易出现忘词，听起来也显得生硬。演讲忘词很正常，即使演说大师也不能保证每一场演说都顺畅无误，因为他们精于运用各种演说技巧，转移了听众的注意力。下面给大家总结几条常见的记忆和补救技巧：

观点记忆法

熟记背诵讲稿很多时候不必拘泥于具体的字词句，记住主要的观点、材料。

列提纲法

背诵讲稿也可采用一些特殊的记忆法如列提纲法，就是把演讲稿的每一个部分都列成一个个小提纲，演讲中再把小提纲分解说明并阐述精彩即可，易记简单。

故事法

故事有趣易记吸引人，以故事罗列顺序和演讲内容。

忘词补救技巧

有时由于紧张，演讲时思维会出现一时的短路，这时切不可使演讲停下来，或抓耳挠腮，分散听众的注意力。而应随方就圆，想起哪儿，就在哪里接着往下说；或者有意重复前面的内容，边重复边回忆。

错话修正技巧

有时紧张也会导致偶尔的口误，这时切不可道歉说"对不起，我刚才说错了"，破坏演讲的完美性和连贯性。我们可以将错误置之不理或紧接着说"这难道是对的吗""刚才明明是错误的思想，偏偏有个别人信奉为真理"等来修正刚才的口误。

意外对待技巧

会场出现意外情况，首先应该保持冷静，判断现场的意外情况是否跟自己有关，比如是否与自己的内容、演讲技巧或时间等有关。如若有关要及时进行调整。如非演讲者自己的原因造成，先要平静观察，待事实清楚后立即解决或跳过并引入演讲下文。

我向名家学演讲
张寿臣现场巧提词

▼

忘词的事很常见，相声演员也不例外。演员忘词多数是由于新段子，词不熟造成的；但也有时演员受了外界的影响，即使原本很熟悉的老段子，也能忘词。

20世纪40年代中期，很多相声演员都在天桥撂地演出，其中就有张寿臣和于世德。张、于是师徒关系，二人说相声，当然是于世德逗，张寿臣捧。一次，他们二位表演相声《地理图》，这是一段"贯口"活，逗哏演员要一口气背出几百个中外地名，展现演员口齿的清楚和记忆力的强健。撂地演出，演员与观众距离很近，观众中任何细小情况都能被演员直接看到。

表演中，于世德突然看见一个小偷在偷观众的东西，思想一走神，就把词忘了："兴城、白庙、沙后所、前所……"下面的词怎么也想不起来了，只好重复："沙后所、前所……"张寿臣立即明白他这是把词忘了，提醒吧，声小怕他听不见，声大了观众就听见了。张寿臣不愧是老先生，经验丰富，他根本不看于世德，摇着扇子像是自言自语："哎呀，快到秦皇岛了。"于世德马上接上了："秦皇岛、北戴河、昌黎县……"表演就这样在观众的笑声中结束了。

冷场了，莫急
02 *LENGCHANG LE,MOJI*

构成幽默的内因是生活中的不通情理之处，即违反常规常理的、可笑的，通过暗示、含蓄的手法表现出来。

形成幽默的两种方式：一是突出表现现实生活中确实存在不协调、矛盾或反常的现象。二是在生活中本来是协调的、不矛盾的、正常的，是幽默者运用一定的技巧或手法，有意造成不协调、矛盾或反常的表达。

演讲知识窗

故事会
聪明的人说对的话

▼

达尔文提出进化论后，很长一段时间人们都无法理解他的观点。一次，他受邀赴宴。宴会上，他恰好和一位年轻美貌的女士并排坐在一起。

"达尔文先生，"坐在旁边的美人带着戏谑的口吻向科学家提出疑问，"听说你断言，人类是由猴子变来的，我也属于您的论断之列吗？"

"那当然咯！"达尔文白了她一眼，彬彬有礼地答道。

"我像猴子吗？"美人带点嘲弄地说。

"不过，您不是由普通的猴子变来的，而是由长得非常漂亮的猴子变来的。"

达尔文这种幽默的应对方式，机智、巧妙地揭露了这位美貌夫人的无知和自命不凡，让人无言以对，但又不至于生气翻脸。

海马爸爸演说能量
幽默有道
▼

制造悬念四步骤

制造悬念 ⟶ 着力渲染 ⟶ 意外反接 ⟶ 陡然领悟

例如：2000年春晚小品《钟点工》中，宋丹丹给赵本山出了一道智力测试题（这是制造悬念），宋丹丹说：要把大象关进冰箱总共分几步？宋大笑（着力渲染），答：三步，第一步把冰箱门打开，第二步把大象装进去，第三步把冰箱门关上（意外反接）。众笑（陡然醒悟）。宋接着说：再给你出道题（这是制造悬念），说动物园开全体动物大会，哪个动物没有来？（着力渲染）。紧接着说，大象呗，在冰箱里关着呢！（意外反接）。全场观众大笑（陡然醒悟）。

幽默控制三时段

第一个时间是进入幽默之前。在说笑话或幽默之前，不动声色，不做解释，悄然进入，造成突兀感，使听众摸不着头脑，没有任何心理准备。

第二个时间是造成悬念之后，反接之前，渲染要充分，要足以把听众引向一个与反接截然相反的歧途，并形成一个极为鲜明的心理定势，反差越大，心里扑空才越强烈，这是个关键。

第三个时间是反接之前，要有较大的停顿，停顿的时间要足以迫使听众参与想象、参与思索，并产生极为强烈的期待感。

幽默素养三培育

一是心态培育：幽默的人心态要坦然开放。这种心态的养成需要热爱生活，笑对人生；充满自信，无所畏惧。

二是机智培育：幽默是智慧的结晶。看似平淡，经幽默一演变，却显得特别的新奇。

三是能力培育：即发现幽默和表现幽默的能力。

> **演讲小练习：** 你最拿手的幽默笑话是什么？讲出来给大家听一听，前提是能逗笑九成的听众哦，如果做不到，反思一下是内容不够搞笑，还是你的表现力达不到？完善一下，将笑话的功能发挥到极致！

我向名家学演讲
小布什的玩笑
▼

　　美国总统小布什演讲时经常拿副总统切尼来开玩笑。有次，他在演讲中称自己并不是媒体所说的那样笨。"我刚刚完成了人类图谱。我的目标是克隆另一个切尼，那么我便不用做任何事了。"之后，他把头扭向切尼："切尼先生，下面我该怎么说？"一时间，场下哄堂大笑。

　　还有一次，他应邀回到母校耶鲁大学为毕业生发表演讲。他在演讲中这样说道："今天是诸位学友毕业的日子，在这里我首先恭喜家长们，恭喜你们的子女修完学业，顺利毕业，这是你们辛勤栽培后享受收获的日子，也是你们钱包解放的大好日子！最重要的是，我要恭喜耶鲁的毕业生们，对于那些表现杰出的同学，我要说，你真棒！对于那些丙等生，我要说，你们将来也可以当美国总统！耶鲁学位价值不菲。我时常这么提醒切尼，他在早年也短暂就读于此。所以，我想提醒正就读于耶鲁的莘莘学子，如果你们从耶鲁顺利毕业，也许可以当上总统；如果你们中途辍学，那么只能当副总统了。"

有人不听，怎么办
YOUREN BUTING,ZENMEBAN
03

故事会
问对问题
▼

第一财经有一期节目是《特立独行张朝阳》，开场后搜狐主席张朝阳刚被邀请上场坐定，主持人问了他一个问题："张朝阳，我已经满25岁了，你有没有感觉到失望？"张朝阳只觉得莫名和茫然，他回答："我为什么要失望？跟我有什么关系？"场面顿时变得尴尬。

主持人没有问对问题，张朝阳的回答也让她接不了话茬，结果导致难以收场。在你演讲的时候，台下是否有过低头玩手机、睡觉甚至讲话的人呢？花心思准备的演讲不想就这样被忽略掉？你需要和听众进行一些互动，引起他们的关注，比如在开场的时候，用提问的方式让听众参与到演讲中来。

海马爸爸演说能量

互动有招

▼

无效发问和有效发问

演讲知识窗

无效提问：强迫对方接受的一种发问。

有效提问：是确切而富于艺术性的一种发问，它有着一定的提问模式。即：有效提问=陈述+语气疑问语缀。

无效提问	错误	修改后
你凭什么认为你能提出一个切实可行的方案？	压制性的不留余地的提问	你能提出一个切实可行的方案，这很好，能说一说吗？
你对这个问题还有什么意见？	缺乏感情的发问，不能引起对方的兴趣	你是能帮助解决这问题的，你有什么建议吗？
不知各位对此有何意见？请发表。	会引起冷场，没有发问的效果	不知各位意下如何？愿意交流一下吗？
这烟发霉吗？	看一眼就知道问题的答案	香烟刚到货，对吗？

发问的技巧

通过提问令听众按照我们预期的方向去思考问题

不同类型的问题可以起到不同的效果：

同向型发问，比如，针对一个人，他是谁？他在做什么？他是什么职业？他的工作等等。这种接连式的发问可以集中听众的思维，使自己的描述更加连贯，更有层次。

反向型发问，比如，在介绍某种科研成果时反问，难道它没有副作用吗？问与答的方向相反，回答是要推翻问题，通过反问使主题得到强调，让自己的观点更容易被接受。

自我发问，可以自问自答，也可以问而不答，由此引出下文。比如，我为什么要这样做？当时真是进退两难。离开这里，我将失去我的朋友；不离开，我将长久地面对一无所获的局面，这样我将白白浪费我的时间和我过去所做的努力。

巧妙而有效的发问，取决于周密的策划和谋略

首先是对发问对象的把握。发问的方式、内容、时机、语气都依照发问对象而定。弄清楚向谁发问，他的为人和品质，他的地位和能力，他的问题出现在什么地方？这样可以让自己的问题提得鲜明而有力度。

其次是问题的设计。也就是解决问什么和怎样问两个问题。你会选择富有幽默和哲理地问，类比地问，委婉地问，含沙射影地问，积极尖锐地问还是旁敲侧击地问呢？

最后是应变谋划。对发问中意想不到的情况进行事先谋划。比如某市宣传工作一直不得力，原因主要是各级宣传部门的工作方式传统落后，整天就是会议宣传，缺少行动。年终工作总结时，市委宣传部长发表了题为《不要坐地开会，要流动宣传》的演说。他问道："大家知道人是最先从哪儿老起的吗？"有人回答从皮肤先老，有人说从牙齿先老，有人说从头发先老，有人说从心脏先老……众说纷纭。这时部长回答道："我看都不是，我认为人最先从屁股老起。大家不要笑，请听我细细解释……"部长的答案出人意料，成功引起了听众的兴趣。

我向名家学演讲
安东尼·罗宾破冰之旅
▼

安东尼·罗宾是当今世界第一的潜能开发大师，他把演说家拉近和听众的关系这一过程形容为"破冰"，他认为听众就是一层冰，演说家必须将这层冰融化掉。为了让听众参与自己的互动，他不仅购买了一些设备，还让自己的妻子装扮成一只老虎，还找了一个魔术师来配合表演。为了这一幕，罗宾花费了50万美元，他的目的就是要让全场的听众都参与到演说中来。

还有一次，罗宾为了在最短时间内破冰，脱掉了自己的裤子，全场的听众都看到他穿着一条印有弥勒佛图案的内裤，于是爆发出哄堂大笑。对于罗宾来说，这笑声就是对他最大的认同。

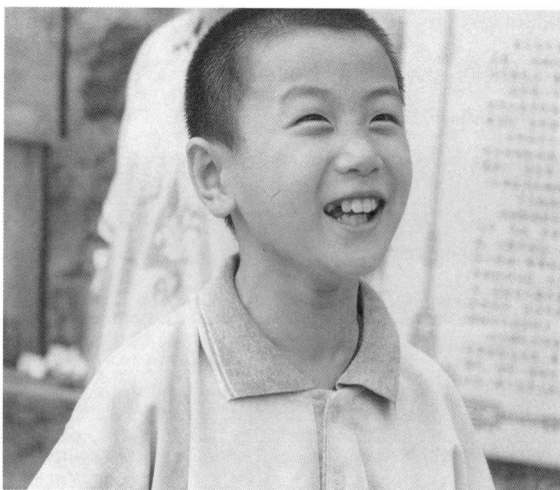

有人不服，怎么办

04 *YOUREN BUFU,ZENMEBAN*

演讲知识窗

委婉，是指语气温和、言辞柔美、语义曲折含蓄的语言技巧。在说话或演讲中，这类话语令人轻松而又耐人寻味。

诡辩是哲学发展中的一个重要环节，黑格尔在批判的基础上，从积极的方面对诡辩做了肯定，即诡辩从反面迫使人们逼近真理。

故事会

能救命的三大罪状

▼

《晏子春秋》记载了这样一个故事。齐景公喜欢打猎，王宫的后花园里养着很多鸟。有一天，齐景公走进后花园，发现几只珍贵的鸟不见了。便赶忙去问管鸟人烛邹。烛邹不知道鸟飞走的原因，显得非常惶恐。

齐景公很恼火，便令官吏斩杀烛邹。被抓走时，烛邹苦苦哀求大王饶命。站在一旁的国相晏子于心不忍，说道："且慢！烛邹有三大罪状，请允许我当面逐条斥责他，然后再处死，否则太便宜他了。"

征得景公同意后，晏子指着跪在地上的烛邹说："你为国君管鸟，却让鸟飞走了，这是第一条罪状。我们的国君是个仁慈的人，现在被迫叫他杀人，这是第二条罪状。如果这事传出去，给诸侯各国的人听到了，他们一定会批评我们的国君看重鸟而轻视人，这名声多难听，这是你的第三条罪状。"斥责完毕，晏子侧过身来对景公和卫士说："现在可以把他押下去斩了。""慢！"齐景公说，"先生的话我领会了，我听你的，放了他吧。"

晏子实际说的是反话，表面上似乎在斥责烛邹的罪状，实际上是在批评齐景公"重鸟轻人"，毫无仁慈之心。这样说，既照顾了景公的面子，又把是非说得很清楚，比起苦口婆心地劝说，更容易让人接受。

海马爸爸演说能量
说理有法
▼

委婉

委婉，是指语气温和、言辞柔美、语义曲折含蓄的语言技巧。在说话或演讲中，这类话语令人轻松而又耐人寻味。为了避免冲突，或者缓解说话的气氛，面对复杂而微妙的人际关系，用委婉的说法，可以彼此心领神会，融洽听、讲者的关系。

委婉，侧重的是不明说，却能使人心领神会。它虽然是一种修辞手法，但在说话或演讲中却是通过多种多样的手段和技巧来实现的。

宽说

有意把话说宽泛些，把要说的真实意思包含在其中。因为不是很直接，所以避免了针尖对麦芒的故意。

趣解

用一种有趣的方式去解释某种说法或某种现象，把自己的真实看法或真相暗含在有趣的解释中，让对方从中去领悟体会。

借续

有些话，有些意思，自己不明说，而是借用对方的言语形式、思维逻辑，续说出来，让对方去领悟、理解。

在说话或演讲中，还有双关、歇后、谐音等，都是构成委婉的一些常用方法。总之，委婉是一种极为重要的言语交际手段，正如培根说："温和语气的力量胜于雄辩。"

诡辩

诡辩通常有三种状态，但是我们今天只讲在积极演讲中常用的一种，是故意违反逻辑规律，违背推理规则，用似是而非的说辞辩解达到演讲目的。黑格尔在批判的基础上，从积极的方面对诡辩做了肯定。诡辩是哲学发展中的一个重要环节，诡辩从反面迫使人们逼近真理。

诡辩的手法：

诡辩手法多种多样、变化莫测。常见的大体有以下几种：

含糊其词，模棱两可

在论证过程中，诡辩者故意违反论题要明确的原则，论点含混暧昧，似是而非，企图在不同的情况下做不同的解释，为自己的某种目的辩护。凡算命、相面、占卜之徒，他们骗人索财的一个法宝，就是竭力说含糊之词，双关之语，两面堵，四面围，正说也行，反说也通，随机应变，反正让你相信他的话灵验。这是地地道道的诡辩术。

偷换概念，转移论题

在古代西方，有一个诡辩论者曾问对方："你没有失去的东西就是你仍然还有的？"对方答："是的。"他又说："你没有失去你的头上的角，是这样的吧？"对方答道："是的！"他继续讲："那么，你头上还有角！"在这个诡辩论者的议论中，就是典型的"偷换概念"的逻辑错误。因为他前一个"你没有失去的"的内容中包含着"你原来所有的"这个关系，而后一个"你没有失去的"的内容中没有这个预设，说的是"你根本没有的"，因而也就没有可能再"失去"。

论据虚假

论据虚假是指故意违反论据要真实的规则，用编造的例证和错误的原理作为论据，去论证错误的论题。

循环论证

论题的真实性是要靠论据来证明的，如果论据的真实性反过来以论题的真实性为依据，那就等于什么也没有论证。违反这一规则所犯的逻辑错误，称为"循环论证"。比如，在堕胎是否合法的问题上，赞成方会说：妇女有权决定自己的身体，所以她们有权堕胎；反对方会说，一个胎儿的生命也是生命，不能剥夺，所以不能堕胎。严格意义上来说，这些都是有谬误的论证，因为这两个论证的论据和论点在本质上是一个概念，而如果在论点未得到证明时，将论点换一个说法来作为论据，用于证明自己，这就是一个逻辑谬误。

机械类比

故意把两个性质根本不同，或只具有某种表面相同（或相似）的对象拿来做类比，这样得到的结论是不可靠的。例如："俄罗斯就是老黄瓜没刷绿漆，美国人是老黄瓜刷了绿漆，其实在本质上都是老黄瓜，半斤八两。"这就是一个谬误类比，因为国家和黄瓜没有必然的类比关系。

以偏概全

以偏概全是一种认识的偏差，即喜欢以少量证据去对整体做出立论，又或者根据有利条件选择性抽出立论对象，例如有人在街上见到一个某地人讲粗话，然后就说所有某地人都素质低，但其实他只见过该地一个人讲粗话，而这一个人的行为并不代表该地所有人——即根据一个例子或者少量例子就对整体做出结论，显然这种认识不够准确。

违反逻辑规则，有意错误推理

诡辩虽使人生厌，但是诡辩论者在诡辩过程中表现出的随机应变和机智也会产生一定的说服功能。知己知彼才能百战百胜，一旦发现别人说得不对，我们也可以迅速进行反诡辩，方法主要有：第一种，直接反驳；第二种，顺水推舟；第三种，归谬法，以其人之道还治其人之身。

以阿凡提买树荫的故事为例：天气太热，村民在树下乘凉，声音吵得巴依老爷没法安心数金币，关窗户的时候，巴依灵机一动，打起了卖树荫的主意。此时，阿凡提骑着毛驴经过，花一袋钱把树荫买了下来。之后，

阿凡提说踩到树荫就必须交钱，巴依只得翻墙回家。随着太阳位置的变化，树荫投到门窗上，巴依没办法只得花两袋钱把树荫买回来。晚上，阿凡提和村民在树下载歌载舞，吵得巴依一家无法睡觉，阿凡提又说你只买了阳光下的树荫，没有买月光下的，最后巴依老爷一个金币也不剩了，这便是以其人之道还治其人之身。

我向名家学演讲
诸葛亮舌战群儒
▼

东汉末年，曹操挟天子以令诸侯，比较有实力的军阀大都被他消灭了，唯独刘备和孙权两股势力尚存，曹操自知一下子对付这两股势力费时费力，便打算联合孙权消灭刘备。孙权手下的谋士大都主张降曹自保，只有鲁肃主张联刘抗曹。但鲁肃自知难以说服孙权和东吴的文臣，特意请诸葛亮来当说客。

鲁肃引诸葛亮见了东吴的一群谋士，这些人并非泛泛之辈，个个都是有学问的人。东吴第一大谋士张昭首先发难，说："听说刘备到你家里三趟，才把你请出山，以为有了你就如同鱼得了水，想夺取荆襄九郡做根据地。但荆襄已被曹操得到，你还有什么主意呢？"

诸葛亮心里想，如果不先难倒张昭，就没办法说服孙权联刘抗曹了。诸葛亮说："刘备取荆襄这块地盘，易如反掌，只是不忍心夺取同宗的基业，才被曹操捡了便宜。现在屯兵江夏，另有宏图大计，等闲之辈哪懂得这个。国家大事，社稷安危，都要有真才实学的人拿出好主意。而口舌之徒，坐而论道，碰上事儿，却拿不出一个办法来，只能为天下人耻笑。"一番话，说得张昭哑口无言。

之后，一个谋士问："曹操屯兵百万，将列千员，你说不怕，吹牛吧你。"诸葛亮答："刘备退守夏口，是等待时机，而东吴兵精粮足，还有长江天险可守，却都劝孙权降曹，丢人吧你。"

东吴的谋士一个接一个地向诸葛亮发难，先后有七人之多，都被诸葛亮反驳得有口难辩。

实战篇

不同场合，应对自如

演讲被广泛应用于各种场合，通过说的方式，

我们介绍自己，阐述观点，表达情感。

话要看场合说，说对了就皆大欢喜，说错了就尴尬了。

PART 10
少年演说家

即兴演讲

生活充满意外，即兴演讲甚至不算意外，每个人都有被赶鸭子上架的时候，即兴演讲最难的地方在于无从准备，只有平时多积累，到时才不会无话可说。

自我
ZIWOJIESHAO
01
介绍

每到一个新的学校、新的班级，我们都难以避免要向大家介绍自己。你在自我介绍时会说些什么呢？是不是介绍完名字、兴趣爱好、家乡之后就匆匆以希望大家以后多多关照，或者希望和大家相处愉快结束了呢？在听完同学们走马观花、千篇一律的自我介绍之后，你记住了几个人呢？这里，海马爸爸要教大家如何让自己的介绍出彩。

看看别人怎么说
自我介绍范文
▼

随着互联网的普及，拥有QQ、微博、微信也不是什么新鲜事了，资料栏里你的白我介绍还是一片空白吗？来看看别人是怎么写的吧：

范文 1

1980年中国制造，长178cm，净重66kg。采用人工智能，各部分零件齐全，运转稳定，经20多年的运行，属质量信得过产品。该"产品"手续齐全，无限期包退包换。现因发展需要，诚招志同道合者，共同研制开发第二代语言聊天软件，有意者请联系！

范文2

每个女人都是为爱而折翼的天使，她们来到人间，就再也回不去天堂了，所以需要男人好好地珍惜。

我也是天使，不过降落的时候不小心脸先着地了，回不去天堂是因为体重的原因。

还好，我还有一颗天使的心，善良、仁爱。

这两篇范文幽默诙谐，有着鲜明的个性特点，比起单调沉闷的简单陈述显得别具一格，让人印象深刻，不过这样的自我介绍信息含金量不高，仅供娱乐，不适用于正式场合。再看看下面这两篇范文：

范文3

大家好，我叫刘畅，刘畅的刘，刘畅的畅。上幼年时曾做过许多色彩斑斓的梦，当个播音员、或者当一名电视节目主持人是我最大的梦想。于是，我利用一切机会学播音、练演讲、说相声、打快板、表演舞蹈、主持节目。我参加了爸爸所在部队的春节文艺晚会，大家很喜欢看我表演的快板书绕口令，有机会的话，一定要表演给大家看。

我深深地知道，做一名合格的播音员或者电视节目主持人是一件非常不容易的事情，成长的道路上会有成功的喜悦，但更多的是失败的沮丧；

会有收获的幸福，但更多的是耕耘的艰辛。但我有勇气、有决心去面对这一切。于是，今天，我站在了同学们中间。

我和在座的同学们一样，渴望展翅高飞，渴望将来有更大的发展空间，有施展才华的更广阔的天地。我想，有耕耘就会有收获。未来的四年里，由各位老师倾情传授，我们一定会有一个无限美好的未来。

范文4

或许我的外表给人的感觉是这个女孩有点文静，其实不然，生活上我比较乐观积极，热爱体育运动篮球、乒乓球，喜欢文学作品和看电影，喜欢涂鸦，能够和身边的同学朋友打成一片。大家说我看起来每天都充满热情和活力，我一直希望自己能够慢慢成为一个有独立见解的人，所以当有想法时，我就会周密计划，然后在实践中积累经验，也给自己多增添一份经历。

我一直很珍惜身边的同学和朋友，我们相处的时间可能不长，但朋友是一辈子的。佛说五百年才换一次擦肩而过，我们大家能相聚到一起，并肩携手度过三年的时光，这不知道是多少世修来的缘分，相信每个人都能给我不一样的力量，很期待在这个大家庭里跟大家一起成长、蜕变！

海马爸爸教你说
不同情景下的自我介绍
▼

自我介绍是向别人展示你自己的一个重要手段，说得好不好，甚至直接关系到你给别人的第一印象的好坏及以后交往的顺利与否。需要进行自我介绍的场合很多，大致有以下六种：

第一，不认识的朋友间的初次见面。

第二，学生入学自我介绍。

第三，各种考试笔试通过后，如考研、考公务员。

第四，简历上编辑的个人档案。

第五，应聘某公司职员时。

第六，演讲或者主持的时候。

不同的场合下，适用的自我介绍的内容、风格等也会有所区别。确定自我介绍的具体内容，应兼顾实际需要、所处场景，并具有鲜明的针对性，切不可"千人一面"，一概而论。

依照自我介绍时表述内容的不同，自我介绍可以分为下述五种具体形式：

应酬式

应酬式的自我介绍，适用于某些公共场合和一般性的社交场合，如旅行途中、宴会大厅、舞池之中、通电话时。它的对象，主要是进行一般接触的交往对象。对介绍者而言，对方属于泛泛之交，或者早已熟悉，进行自我介绍只不过是为了确认身份而已，故此种自我介绍内容要少而精。

应酬式的自我介绍内容最为简洁，往往只包括姓名一项即可。例如："您好！我的名字叫××"或者"我是××"。

工作式

工作式的自我介绍，主要适用于工作之中。它是以工作为自我介绍的中心；因工作而交际，因工作而交友。有时，它也叫公务式的自我介绍。

工作式的自我介绍的内容，应当包括本人姓名、供职的单位及其部门、担负的职务或从事的具体工作等三项。它们叫做工作式自我介绍内容的三要素，通常缺一不可。其中，第一项姓名，应当一口报出，不可有姓无名，或有名无姓。第二项供职的单位及其部门，有可能最好全部报出，具体工作部门有时也可以暂不报出。第三项担负的职务或从事的具体工作，有职务最好报出职务，职务较低或者无职务，则可报出所从事的具体工作。

例如：

"您好！我叫××，是初一（8）班班长。"

交流式

交流式的自我介绍，主要适用于在社交活动中，它是一种刻意寻求与交往对象进一步交流与沟通，希望对方认识自己、了解自己、与自己建立联系的自我介绍。有时，它也叫社交式自我介绍或沟通式自我介绍。

交流式自我介绍的内容，大体应当包括介绍者的姓名、工作、籍贯、学历、兴趣以及与交往对象的某些熟人的关系等等。但它们不一定要面面俱到，而应依照具体情况而定。

例如：

"我叫××，天津人。我刚才听见你在唱蒋大为的歌，他是我们天津人，我特喜欢他唱的歌，你也喜欢吗？"

礼仪式

礼仪式的自我介绍，适用于讲座、报告、演出、庆典、仪式等一些正规而隆重的场合。它是一种意在表示对交往对象友好、敬意的自我介绍。

礼仪式的自我介绍的内容，亦包含姓名、单位、职务等项，但是还应多加入一些适宜的谦辞、敬语，以示自己礼待交往对象。

例如：

"各位来宾，大家好！我叫××，是云海公司的副总经理。现在，由我代表本公司热烈欢迎大家光临我们的开业仪式，谢谢大家的支持。"

问答式

问答式的自我介绍，一般适用于应试、应聘和公务交往。在普通性交际应酬场合，它也时有所见。

问答式的自我介绍的内容，讲究问什么答什么，有问必答。

例如：

主考官问："请介绍一下你的基本情况。"应聘者答："各位好！我是张军，现年28岁，陕西西安人，汉族，共产党员，已婚，1995年毕业于西安交通大学船舶工程系，获工学学士学位。现任北京首钢船务公司助理工程师，已工作3年。其间，曾去阿根廷工作1年。本人除精通专业外，还掌握英语、日语，懂电脑，会驾驶汽车和船只。曾在国内正式刊物上发表过6篇论文，并拥有一项技术专利。"

即兴发言

02 *JIXING FAYAN*

老师在上课的时候，为了检查教学效果，常常会随机提问。每当这时，你是否会感到紧张，不敢抬头，祈祷千万别念到自己的名字？遇到讨论题也都是听别人发表意见。总是抱着天塌下来有高个子顶着的心态，现实是善变的，万一哪天，你成了那个高个子，要拿什么来顶天立地呢？相信我，这一天早晚会来。

生活中即兴发言的情况非常多，如同学间一针见血的辩论，朋友间滔滔不绝的谈吐，酒席上要言不烦的祝辞，谈判时有条不紊的应对……这些都是你的生活，别人无可替代，所以，你要自己做好准备。

看看别人怎么说
即兴演讲范例
▼

2009年4月，中央电视台栏目主持人白岩松赴美半月，做了一档《岩松看美国》的电视专题节目。在美国"4.11"即美国由次贷危机引发的金融风暴一周年之际访美，他采访了政界高官、企业总裁和普通百姓，话题涉及美国的政治、经济、军事、外交和文化，他的这档节目一下子被许多关心并希望了解美国的人们所关注。在美国期间，他曾在耶鲁大学做了一篇演讲，他在演讲中表现出来的诙谐风趣和机智幽默，以及他充分发挥的演讲技巧使得整个会场笑声和掌声不断，整个演讲非常成功。

"央视名嘴"一开始的演讲词就非常吸引听众："过去的20年，中国政府一直在和美国的三任总统打交道，今天到了耶鲁我才知道，其实它只跟一所学校打交道。但是透过三位总统我也明白了，耶鲁大学毕业生的水准也并不是很平均。"他提到的这三位美国总统：老布什、克林顿和小布什，美国人普遍认为小布什的水平要差一些，所以人们自然会发出会心的笑声。

接下来进入演讲主题《我的故事以及背后的中国梦》。他用与自己有关的5个年份分别阐述，这个方法能够集中反映主题，而且因为演讲过程中妙语连珠，掌声和笑声不断。"1968年我出生了，那一年世界非常乱，在法国有街头暴乱，在美国也有，然后美国总统肯尼迪遇刺了，但是的确这一切的原因都与我无关。但是那一年我们更应该记住的是马丁·路德·金先生的遇刺，虽然那一年他倒下了，但是他的那句话'我有一个梦想'却真正站了起来，在美国站了起来，在全世界站了起来。"这样，他便巧妙地点出了主题。

当时几乎所有的中国人并不知道这个梦想，人们只关心能不能够吃饱的问题，包括他本人。因为他出生两个月以后，便随父母一起被关进了"牛棚"这个"文革"的产物，"我的爷爷为了让我喝上牛奶，不得不和看守做很大的搏斗才能成功。显然，我的出生来得不是时候。"

1978年，他10岁。他所住的边疆小城距离北京有2000公里，在那里要想看到北京的报纸得在三天以后。"所以在我们那里不存在新闻的说法。"家庭的艰辛使得"梦想"这个词汇对于他来说依然很陌生。"只是感到每个冬天都会很寒冷，因为我住的那个城市离苏联更近。"但是那一年发生了两件大事，中美建交和十一届三中全会召开，"就这样，两个伟大的国家，一个可怜的家庭，就这样奇妙地交织在一起。其实当时不管是小的家庭，还是大的国家，谁都没有把握知道未来是什么样的。"

1988年他20岁的时候，他看到了他个人的梦想正在逐步地实现，因为他考上了北京的大学。改革开放也已经搞了10年，市场价格也已放开，而不再是由政府控制价格，这也标志着中国离市场经济越来越近了。"当然当时人们不知道市场经济也会有次贷危机。"

1998年他30岁，是一个1岁孩子的父亲。"那一年中美之间发生了一个大事件，主角就是克林顿。在美国，也许你记住的是性丑闻，但在中国记住的是他访问了中国。"克林顿在中国举行了一个中外记者招待会和一场在北大的演讲。这现场活动都直播了，并且都是由白岩松主持的。直播结束的时候，他说："对于中美这两个国家来说，面对面永远要好过背对背。"

演讲中最精彩的部分当属2008年个人及国家关于梦想以及中美两个国家和人民之间的交流的阐述。首先，很多年大家不再谈论的"我有一个梦想"这句话，很多美国人在讲，"看样子奥巴马的确是不想接受耶鲁再占领美国的事实，他用梦想和改变这样的词汇，让美国人民在他当选后为他庆祝和游行。而在中国，这一年举办了奥运会和中国人第一次实现太空行走，""当然这些美好梦想的实现都因为一次突如其来的汶川大地震没有我们期待得那么完美。""八万个生命的离开，让我们整天度日如年。梦想很重要，但是生命更重要。"

　　演讲中白主持的"望远镜看彼此"的比喻使人印象深刻。他说："在过去的很多年里头，中国人看美国，似乎在用望远镜看。美国所有的美好的东西，都被这个望远镜放大。经常有人说美国怎么怎么样，美国怎么怎么样，你看我们这儿什么时候能这样。在过去的好多年里头，美国人似乎也在用望远镜在看中国，但是我猜测可能拿反了。因为他们看到的是一个缩小了的、错误不断的、有众多问题的一个中国。他们忽视了13亿非常普通的中国人，改变命运的这种冲动和欲望，使这个国家发生了如此巨大的变化。但是我也一直有一个梦想。为什么要用望远镜来看彼此？"他的这番话说明两国需要更多的面对面的沟通和交流，需要更多的相互访问和旅游来加深了解才不至于"一叶障目，不见树林"。

　　他还用了一个事例来说明眼见为实的道理："我只是希望越来越多的美国朋友去看一个真实的中国。因为我起码敢确定一件事情。即使在美国你吃到的被公认为最好的中国菜，在中国都很难卖出好价钱。就像很多很多年之前，在中国所有的城市里流行着一种叫加州牛肉面，加利福尼亚牛肉面。相当多的中国人都认为，美国来的东西一定非常非常好吃。所以他们都去吃了。即使没那么好吃的话，由于觉得这是美国来的，也没有批评。这个连锁的快餐店在中国存在了很多年，直到有越来越多的中国人来到美国，在加州四处寻找加州牛肉面，但是一家都没有找到的时候，越来越多的中国人知道，加州是没有这种牛肉面的。于是这个连锁店在中国，现在处于陆续消失的过程当中。这就是一种差异。但是当人来人往之后，这样的一种误读就会越来越少。"

海马爸爸教你说
即兴发言三步
▼

清障

即兴演讲，是只有类似于主题或提纲，其他事先未做准备，没有演讲稿，临场而发的一种演讲表达方式。即兴演讲最大的障碍不是听众，而是自己。缺乏自信心是即兴演讲的最大障碍。为此，要从以下三个方面做好清障工作：

积累知识，提高文化素养

"知识就是力量"，只有用知识武装自己，讲起话来才能镇定自如，侃侃而谈。

大胆交往，学习他人语言

要大胆地与周围人接触，并主动进行对话聊天，从中汲取口才营养，学习演讲技巧。

自我调节，增强自信心理

凡是有发言的机会，首先要调节好心理，敢于说话，不要躲躲闪闪，更不要说一些"我不会说，说得不好"等。

炼题

主题是即兴演讲最重要、最关键的内容，是整个表达的根本依据。即兴演讲要寻找触点，临场发挥，下面介绍几种提炼主题的方法：

临场发挥

着眼于临场某一客观事物的特点和本质，进行主观联想，立即闪现出一种思想，然后把它言表于外。

内心孕育

当开展调研或检查工作时，从别人演讲中得到启发，萌发一个新的观点，这时就有了孕育主题的素材。

问题凝练

问题是形成主题的摇篮，有价值的主题往往就形成于有价值的问题之中。

角度更新

对同一个问题从不同角度进行表达，使之更加新颖，表达出众，如：以小草为题，有人说"小草默默无闻，造福人类"，有人却说"小草逆来顺受，软弱无能，不思反抗"。

布局

即兴演讲虽然没有演讲稿，但还是需要发言提纲的。列提纲时要注意结构的整体布局。整体布局是考虑如何开头，如何过渡，如何结尾，主体材料应放在何处，次要材料应放在哪里，需要讲几个部分，是按时间顺序还是按空间顺序，是递进式还是并列式。有一个清晰的思路再演讲就容易得多了。

竞聘演说

社会发展到今天，口才已经成为一种竞争力的体现，竞聘、竞选都逃不过，想在竞争中获胜，演讲时就要大胆地说出自己的优势。

演讲竞赛

01 *YANJIANG JINGSAI*

一年好几次的演讲比赛又开始报名了，你还在对着报名表犹豫不决，甚至望而却步。看着那些在台上侃侃而谈的同学，你是否会觉得佩服或者羡慕呢？每个人其实都是一样的，都会害怕，谁也不是天生能说会道，不同的是，有些人鼓起了勇气，有些人还在停滞不前，这一步不迈出去，你又怎么知道自己行不行呢？卡耐基说过，一个人能站起来当众讲话是迈向成功的关键一步。迈步向前走吧，你还在等什么！

看看别人怎么说

演讲稿《年轻人能为世界做什么》

▼

我是一名法学院的学生，我的每一门课的教授都曾经在他的课堂上讲过这么一句话，他们常常说"法律是这么规定的，但是现实生活中……"现实生活是一种很神奇的生活，在现实生活中那些尊重规则的老实人往往一辈子都默默无闻，反倒是那些弄虚作假的人到最后会名利双收，于是乎像我这样的年轻人就经常有那些看着很有经验的前辈过来拍拍你的肩膀跟你说："年轻人你还不懂。"我想问的是我们年轻人你能为这个世界做什么，总有一天银行行长会是90后，企业家会是90后，甚至国家主席都会是90后，当全社会都被90后占领的时候，我想问你们90后们，大家想把这个社会变成什么样。

我知道不是每一个人都能够成为那种站在风口浪尖上去把握国家命运的人物，你我都是再普通不过的升斗小民，是这个庞大的社会机器上一颗小小的螺丝钉，读书的时候每天都被父母耳提面命说你干啥你都不要给我耽误学习；毕业的时候到处投简历，凄凄惶惶地等一家企业收留自己；逢年过节被逼婚，结婚买了房子要花自己年轻的时候最好的二十年来偿还贷款，让每一个年轻人都忙着生存，而没有梦想，没有时间关心政治，没有时间关心环境，没有时间关心国家的命运，还哪有什么精力去为这社会做什么。但是后来我发现还是有一件事情你跟我都可以做到，这件事情就是我们这一代人在我们老去的路上，一定一定不要变坏，不要变成你年轻的时候最痛恨、最厌恶的那种成年人。如果将来你去路边摆摊，你就不要卖地沟油小吃，你不要缺斤短两；你将来开了工厂当了老板，你不要偷工减料，生产一些次品。每一个普通人在自己普通的岗位上做一个好人是有非常非常严重的意义的，因为我们每一个人生下来都注定会改变世界。

我是一个学法律的，如果我将来是一个公正严明的法官，那么这个社会就因为多了一个好法官而变好了一点点，我希望大家都记住，即使给了你十万个理由让你去作恶，你都要保持自己的操守跟底线，仅仅就因为一个理由，这个理由就是你不是一个禽兽，你是一个人。我更希望我们所有的90后们，你们都能成为那种难能可贵的年轻人，一辈子都嫉恶如仇，绝不随波逐流，你绝不摧眉折腰，你绝不放弃自己的原则，你绝不绝不绝不失望于人性。所以我亲爱的90后们，如果将来再是有那些人跟你说："年轻人你不要看不惯，你要适应这个社会。"这时候你就应该像一个真正的勇士一样直面他，你告诉他："我跟你不一样，我不是来适应社会的，我是来改变社会的。"

——选自刘媛媛在《超级演说家》节目中的演讲

海马爸爸教你说
命题演讲三步
▼

登台之前

命题演讲的过程开始于演讲稿的写作，演讲稿的优劣直接关系到演讲的质量，所以成功的命题演讲第一步便是演讲稿的写作。

在上场之前，准备好你的服装、讲稿和自信。无论你准备得如何，都要展现出你必胜的姿态和信心。紧张是难免的，不过不要过度紧张，可以适当地和周围的考生聊天来缓解紧张，千万不要一遍又一遍地回忆自备稿件的内容，越是这样越容易忘记。

台上呈现

凤头

能在最短的时间里吸引听众的演讲开头就是好开场，它在演讲中起着至关重要的作用。历来著名的演讲家都煞费苦心，希望在演讲的开头就能牢牢抓住听众，为自己的演讲奠定成功的基础。

猪肚

好的演讲能唤起听众心中的强烈共鸣，而事例最能说服听众，所谓"事实胜于雄辩"。经典事例因其蕴含丰富、深刻的情感或哲理内涵，不需多，往往一二例，即能感动听众，使其折服。尤其演讲高手，更能就地取材，即兴发挥，利用身边的切题典型素材，借助现场氛围为自己的演讲服务，既出人意料又恰到好处。

豹尾

演讲不能虎头蛇尾，而要有一个坚实有力的"豹尾"。好的结尾，可以使演讲意味无穷，让人记忆犹新。成功的演讲者，都希望结尾时再给听众留下一个精彩的印象，都会在结尾处狠下功夫，避免演讲的功亏一篑。

控场技艺

演讲时，常常会出现一些意想不到的事情，比如忘了演讲词、讲了错话、听众被其他的突发事件干扰而不再听你的演讲，或对你的演讲不满意、不感兴趣等等。面对这样的状况应该怎么办？这就需要你有灵活机智的应变技巧，做到处乱不惊、转危为安，把自己从窘迫的困境中解脱出来，使演讲继续进行下去。

忘词时，千万不要惊惶失措，而是要快速联想回忆这部分演讲词。几秒钟后还是回忆不起来，就应该立刻放弃回忆，否则听众就会乱起来，不好控制了。这时，你要抛开那些忘记了的内容，而接着讲你没有忘记的内容，用这些新的内容稳定自己的情绪，重新吸引听众。

说错了话后，可以立刻纠正，不需要迟疑。这种纠正并不是向听众做检讨，说"不好意思，我刚才讲错了"，只需要用正确的话重复一遍刚才的内容即可，听众就会明白你要表达的意思，并且不会太在意你的失误。还有其他变通方式，比如通过提问等技巧加以掩饰。

如果听众对你的演讲不满意或不感兴趣，面对这种不利情况，千万不要着急，不要有埋怨心理，也不要自顾自地一味演讲。你可以采取一些吸引听众的措施，比如先给大家讲一个与自己演讲主题有关的新闻信息、小故事或小笑话，以引起大家的注意。当听众被你的讲话吸引而重新集中精神时，就可以开始正式演讲了。

最后，要注意礼节问题，进去面试时要说声：各位评委老师你们好。考试后离开时要说：感谢各位评委老师。用自信的微笑面对考官，这些都是印象分。另外，走路时的气势一定要展现出来，不要畏畏缩缩，不要趾高气扬，要有成功人士的那种气质。

职位竞选

02 *ZHIWEI JINGXUAN*

没有野心的学生不是好演说家，如果你现在已经是班里的班干部，那就要好好守住自己的位置；如果你还不是，那就更要努力争取。低调的行事风格显然已经不符合现在的时代要求，这是个青春张扬的时代，一直默默无闻的话，可能多年后的某一天，在同学聚会上就没几个人能准确叫出你的名字喽。只要努力争取过，即使失败也不会后悔！

看看别人怎么说
竞选范文
▼

范文 1

今天，很荣幸走上讲台，和那么多乐意为班级做贡献的同学一道，竞选班干部职务。我想，我将用旺盛的精力、清醒的头脑来做好班干部工作，来发挥我的长处帮助同学和×班集体共同努力进步。

我从小学到现在班干部一年没落下，但我一身干净，没有"官相官态""官腔官气"；少的是畏首畏尾的私虑，多的是敢作敢为的闯劲。我想我该当个实干家，不需要那些美丽的词汇来修饰。工作锻炼了我，生活造就了我。戴尔·卡耐基说过"不要怕推销自己，只要你认为自己有才华，你就应该认为自己有资格担任这个或那个职务"。我相信，凭着我新锐不俗的"官念"，凭着我的勇气和才干，凭着我与大家同舟共济的深厚友情，这次竞选演讲给我带来的必定是下次的就职演说。

如果同学们对我不信任，随时可以提出"不信任案"，对我进行弹劾。你们放心，弹劾我不会像弹劾克林顿那样麻烦，我更不会死赖不走。既然是花，我就要开放；既然是树，我就要长成栋梁；既然是石头，我就要去铺出大路；既然是班干部，我就要成为一名出色的领航员！流星的光辉来自天体的摩擦，珍珠的璀璨来自贝壳的眼泪，而一个班级的优秀来自班干部的领导和全体同学的共同努力。我自信在同学们的帮助下，我能胜任这项工作，正由于这种内驱力，当我走向这个讲台的时候，我感到信心百倍。你们拿着选票的手还要犹豫吗？

范文 2

尊敬的各位老师，亲爱的同学们：大家好！

我叫××，来自××班。拿破仑有言："不想当将军的士兵不是好士兵。"今天站在这里，就是要告诉大家，我是来竞选学生会主席的！

首先，我有热情，它让我快乐地投入工作。一名好的学生干部最首要的就是要有工作热情。因为热情是工作的源动力，拥有了热情才能主动服务于同学，拥有了热情才能成为同学的朋友，进而成为老师的助手！

其次，我有经验，它会让我成熟地面对工作。多年的班级工作，让我把为同学们服务视为自己生活的一部分；两年学生会的工作，提高了我的协调能力；"市级三好学生"的获得，则是对我能力的肯定……

第三，我擅长沟通，它让我懂得合作的意义。一座大厦不可能只由一根柱子来支撑。正如马克思、恩格斯所说：只有在集体中，人才能获得全面发展才能的机会。可见一个人的能力是有限的，要想搞好一个组织，就得分工合作，结合团队的最大力量，进而更好地建设学生会！

谋事在我，成事则在于大家。如果我能竞选成功，我将把它当成我学生生活一个新的起点，我将用我旺盛的精力和清晰的头脑，认真出色地完成工作！用我的真情和爱心去带领大家为学校、为同学服务，让每个成员都能像尺子一样公正无私；像竹子一样每前进一步，小结一次；像太阳一样带给大家温暖！

海马爸爸教你说
竞选策略
▼

突出优势

竞聘演讲的目的是求得自己所求的岗位，所以竞聘者不必谦虚，而是要突出自身的优势，特别是别人所没有的优势。即使是自身的不利因素，也要通过合理的方法将它转化为优势。竞聘演讲一定要重点突出，根据竞聘岗位要求，围绕自己的优势展开阐述。

措施务实

竞聘者在阐述自身优势和实现岗位目标的措施时一定要务实，否则难以说服听众。特别是措施，是竞聘演讲的核心，能显示出演讲者的诚信，所以更要注重其可行性。比如有一位同学竞选学生会主席，在表明了自己竞聘岗位的决心后，提出了行事原则和切实可行的措施，很有说服力，他说：假如我当选，我将进一步加强自身修养，努力提高和完善自身的素质，我要力争让学生会主席的职责与个人的思想品格同时到位。假如我就任此届学生会主席，我的第一件事就是召集我的内阁部长们举行第一次全体内阁会议，全面地听取他们的意见与建议，下放权力，实行承包责任制。我们将自始至终地遵循"一切为大家"的原则。在就职期间，我们将在有限的条件下，办我们自己的电视台、广播站，建立必要的管理制度，设立师生信箱等等一系列措施。

思路清晰

思路清晰表现在演讲的层次和实施措施的条理性上。一般来讲，竞聘演说可以采用的层次为：

首先，说明竞聘的职务和缘由。

其次，简单介绍自我的情况，摆出自我的优势。

> **演讲小练习**：观看婚礼主持和奥巴马竞选演讲的视频，婚礼主持温馨浪漫，竞选演讲激烈振奋人心，请说一说他们在语言风格、语气、着装、态势语言上的不同以及你看完以后的心理感受，试想如果有你来做，你认为自己和他们会有哪些不同呢？

再次，提出竞聘的施政措施。在谈到具体的实施措施时，可分条列项详细阐明，以保证听众能清晰把握竞聘者的施政特点，并尽快做出自己的判断。

最后，表明自己的决心和请求。当然，在具体的演讲中，竞聘者可以根据具体情况对内容做调整。

礼仪致辞

致辞一般出现在较为隆重的场合，三两句话就能把现场的气氛调动起来，因此说的人一定要有饱满的情绪。

新生致辞
01 *XINSHENG ZHICI*

在人生的不同阶段，大家会去到不同的学校，结识不同的朋友，经历不同的事情，所以机会来了，一定要勇于尝试和挑战。代表新生发言算得上是开学第一件大事，兴奋激动之余，也会担心万一说错话，在全校师生面前丢脸可就不好了。你需要好好准备这篇关于欢迎新生的演讲稿，选择演讲的主题，演讲的着装，提前演练好演讲时的动作和表情，然后向全体师生展现一个新生应有的风采！

看看别人怎么说
新生致辞范文
▼

度过了一个火辣辣的假期，新的学期又开始了。首先，我代表××中学教导处祝愿全体师生在新的学期里心情愉快，学习进步！

有位诗人曾说过：上帝给了每个人一份珍贵的礼物，那就是青年。青年是崭新的，在你们的脑子里总会有那么多的新点子、新方法、新感受、新作品、新经验、新思维、新作为，在你们眼中每天升起的太阳也都是新的；青年是快乐的，篮球场上大汗淋漓地奔跑，你们是未来的飞人乔丹；电脑房中十指如飞，你们是明天的比尔·盖茨；音乐课上引吭高歌，你们是本世纪最著名的歌星……

同学们，在每一天，我总是静静地看着你们，快乐地打造自己的明天，勇敢地开创你们的未来，希望属于你们，失望不属于你们，就算是遇上困难你们会告诉自己"我能行"！笑容属于你们，眼泪不属于你们，面对失败，你们会打出胜利的手势，潇洒地对它说一声"Bye-bye"。智慧属于你们，空虚不属于你们，把握每一分每一秒，你们与未来有个美丽的约定。

一个崭新的新学期又在你们的面前了，这是你们生命中的一个起点，一个小站，如今起航的笛声已经拉响，同学们，请大声回答我，信心准备好了吗？快乐准备好了吗？努力准备好了吗？彼此的鼓励准备好了吗？热烈的掌声准备好了吗？——好，下面我们首先用掌声欢迎三百多位初一年级的新同学，欢迎他们来到我们中间，与我们共同生活，共同学习。

接着我们再次把掌声送给我们敬爱的老师，在接下来的日子里，我们将为共同的目标而奋斗，我相信你们心里一定有许多话想对我们的老师说，万语千言不须说，掌声代表我的心，来！掌声响起，一切尽在不言中。

最后我请同学为自己鼓掌，因为我相信在新的学期中，每一个××中学的学生都会有杰出的表现，你们会骄傲地和知识握手，自信地与成功拥抱，在新的学期中，我将期待着一个又一个的新星在我们身边闪现，心动不如行动，来！让我们用最热烈掌声为自己加油，为自己喝彩！

海马爸爸教你说
礼仪致辞的技巧
▼

常见礼仪致辞

致辞在生活中很常见，在很多的正式场合中，常有 些人作为个人或集体的代表，站出来发表一小段讲话，用来向在场的人表示祝贺、欢迎、勉励或感谢等。不同的场合，所说的内容也会有所区别。

少年演说家

致辞类型	致辞内容
一般性祝辞	如会议开幕、活动开始等。演讲时基本思路一般是：评价意义、希望顺利、成功。语言应热情有力，简洁明快
纪念性祝辞	一般是为了祝贺或怀念某个有纪念意义的日子。演讲的思路为：回忆过去、立足现在、展望未来
日常性祝辞	包括升学庆祝辞、生日贺辞等。因场面热闹、随意，所以一般无固定格式，表达时注意言辞美，格调清新高雅，传达美好的祝愿和真挚的情感
授奖辞	内容一般包括得奖的原因、事迹，然后表示钦佩、祝贺和祝愿
欢迎辞	对宾客的到来表示热烈欢迎。开头先道称谓，然后表示欢迎和感谢等；主体部分讲明来宾来访的意义，或述说主客双方的关系，结尾再次表示欢迎，或表示祝愿和希望
欢送辞	对离去者表示热情欢送。开头先称呼被送人的名称，然后表示热情欢送；主体部分讲清宾客在一起的时间里所留下的印象和事情。结尾再次表示欢送，以希望、祝愿之类言语作结
感谢辞	对别人的欢迎、关怀、送别等表示感谢。一般开头讲明致辞的缘由和基础；主体部分选取最有说明性、说服力、充分表达情感的具体细节，进行有感受、有分析、有认识的表述，集中全面表达友好的致谢。结尾部分概括、总结主体部分并再次表达真诚的谢意

致辞的基本要求

注重称呼语，祝福语连用

礼仪致辞首先要体现对他人的一种尊重，因此在称呼时要注重用"敬称"，祝福语可以连用，甚至可到不厌其烦的程度。

热情诚恳，充满感染力

礼仪致辞一般都是在场面比较隆重、气氛比较活跃的场合使用，因此在致辞时一定要注意做到热情诚恳，充满感染力。

言简意赅、风格多样

致辞时间不能过长，有时甚至是寥寥几句。而不同场合，致辞也应该有所不同。

晚会主持
02 WANHUI ZHUCHI

校园生活丰富多彩，其中联欢会是备受大家青睐的。为了迎接它的到来，常常提前一两个月就要开始着手准备。于是，在校园一角，我们总能偶遇辛苦排练的小伙伴们。当然，这场庆典上最露脸的还是主持人，要负责炒热气氛，串联节目，既要能说，又要能演。是不是有人跃跃欲试呢？要在联欢会上把控场面，平时可要多下点功夫哦。

看看别人怎么说
主持词范文
▼

开场

男：尊敬的来宾，亲爱的朋友们，大家晚上好！

曾经在一个盛夏的晚上，就像小溪向往大海一样，我们不约而同地走进了这温馨的小屋——文苑诗社，来装点这诗的殿堂；拾起点滴带有缺憾的落英；播种簇拥多年的希望；浇灌着一片片憧憬的绿叶；耕耘草地上缀满花瓣的诗行。我们多想编织更多的美丽花环似的梦，于是走进了浪漫、温馨的盛夏之夜。这里有诗的节奏、花的馨香。我们在花的世界去寻觅花的秀美，在草的海洋中追随草的芬芳。让诗化作芳露在花瓣上滚动，任情变成透明在草叶间流淌。

女：看，今夜星光灿烂，这里是歌的海洋。歌声是我们内心诗的升华，真情在徜徉。生活中的《雨霖铃》将不再感伤，事业中的《将进酒》会更加粗犷。朋友，抛掉生活中无味的负累，走进这温馨浪漫的盛夏之夜吧，去远离热浪，来沐浴清凉，吟一首小诗放飞心中的理想，品一杯香茗欣赏文苑的风光，因为这里有了您——朋友，我们的心在奔放，情在高涨，歌声在飘荡。

结束

女：难忘今宵，今宵难忘，我们沉醉于诗的意境、歌的海洋。今夜星光如此灿烂，花草格外馨香。看，那清纯的银河之水呀，是我们的情感融化了，奋勇奔腾，流向远方；那静谧的盛夏之夜呀，是文苑的殿堂感动了，灯火辉煌，散发灵光。

男：难忘今宵，今宵难忘，星星已点燃我们的希望，把诗社的四壁照亮，我们将在银河中起航，乘着白云去放飞理想，那淡淡的春风，连绵的夏雨，南飞的秋雁，飘舞的冬雪，都是我们不尽的诗行，在奕奕闪光！这点点滴滴的音符，在透明的空气中飞翔。

女：再美的乐曲也会有尾声，尽管余音绕梁；绝妙的诗句也会有尾联，尽管句华辞章。在这场迷离的仲夏夜之梦，我们不说拜拜，只说再见！

海马爸爸教你说
主持入门技巧

▼

了解主持人的功能

主持人应起到以下功能：串场、笑果、互动、介绍、暖场、场控、应变。主持人要掌控整个晚会的流程，弄清楚自己该什么时候出场，有什么突发情况都要迅速反应，及时应对。

做好准备工作

第一，准备好演讲稿，记好衔接词，不要想着照着台本念。第二，说话时尽量放慢语速。人在紧张的时候语速会加快，适当放慢语速可以掩饰和缓解你的紧张感。第三，做个有心人，平时多留意一些网络用语，积累一些幽默段子，以便炒热气氛。第四，如果有嘉宾，预先了解他们的背景并记熟他们的名字。

多积累实战经验

训练端庄的站姿，用不惯用的那只手拿麦克风，当两个主持人同时在场上时以靠内侧的手拿麦克风。找到适合自己的主持风格。

演讲小练习：假设海马爸爸明天要到你们学校演讲，你作为班长，认为需要先跟大家强调一下班级纪律，让大家对海马爸爸有个初步的认识，你准备组织一次班会。你会怎么主持这次班会呢，内容会涉及哪些，如果有同学故意捣乱你要怎么做？（思考角度建议：分享你对海马爸爸的认识、认真听讲的价值、发挥你的权威、请求配合工作等）。

PART **13**

少年演说家

辩论演讲

平常我们主张与人为善，上了辩论台就是战场，不是你死就是我活，活用心理战术，让你的敌人颤抖吧。

辩论比赛

01 *BIANLUN BISAI*

校园辩论会可不是个和气生财的地方，它讲究的就是如何说得对方哑口无言，要求思维敏捷，迅速抓住对方说话的漏洞加以反击，同时要保证自己说话的严谨。很多时候，我们拿到的辩题，不一定就是自己所赞同的意见。所以要先说服自己，才能说服别人，做好充分的资料搜集，预先设想对方的答辩角度，知己知彼才能百战百胜。

看看别人怎么说

宁为瓦全，不为玉碎之辩

▼

泰戈尔说："我们误读了世界，反而说它欺骗了我们。"刚才对方辩友洋洋洒洒、慷慨激昂地列举着"宁为玉碎"的事例，实在是惊天地、泣鬼神！但多年来，人们过于迷恋"宁为玉碎，不为瓦全"，为其大唱赞歌，却对这种盲目和不理智的价值选择所带来的危险视而不见，实在值得深刻反思。

　　首先，我们必须正本清源，拨乱反正。何为玉？辞海上讲：玉是质细而坚硬，有光泽，略透明，可雕琢成工艺品的石头。何为瓦？陶器也。玉不琢不成器，与普通石头无异，而瓦经过火的锤炼，也可谓身经百战。可见，玉与瓦也是同等学力，二者并无高低贵贱之分，而对方辩友非要坚称玉很高贵，瓦很卑劣，是不是对瓦有失公允呢？一块全瓦虽然没有玉器的华丽，没有珠光宝气的外表，但它却有高贵的品质，它遮挡了夏日的烈日，阻止了风雨的侵袭，大庇天下寒士俱欢颜。而一块碎玉又价值几何呢？瓦虽平凡，但孕育着伟大；瓦虽默默无闻，但贡献着自己的价值。因此，我方认为：瓦全的价值胜过玉碎。

　　其次，与"宁为玉碎"的冲动鲁莽相比，"瓦全"常常表现为一种韧性的战斗，是忍辱负重的表现，是立足生存求得东山再起。生死存亡的时刻，选择"玉碎"，便意味着一切都要结束，宁为"玉碎"的项羽自刎乌江，只留下"卷土重来未可知"的叹息；相反，选择"瓦全"，越王勾践卧薪尝胆，三千越甲可吞吴；选择"瓦全"，韩信甘受胯下之辱最终功成名就；选择"瓦全"，红军长征二万五千里后获得最终胜利。可见"瓦全"背后是真气节，而不是为生而生、为全而全，它是一种大策略、大智慧。

　　再次，与动辄"宁为玉碎"对生命的漠视相比，"瓦全"体现着对生命的尊重，对生命的珍惜。法国诗人拉马丁说："生命之至高无上，不能随意翻阅，也不能合上。"尊重生命是人类永恒的主题。但在中国长期的封建统治下，"宁为玉碎"随时间逐渐异化成了君王为巩固其地位，让大臣愚忠的最佳名言。当玉碎成为愚昧的忠君气节，有多少英雄豪杰做出了无谓的牺牲；当"文死谏武死战"成为一种风尚，个体的生命价值又从何谈起？千百年来，多少人扛着气节的名号断送了生命。以史为鉴，今天的科学发展观倡导以人为本，正是把人的生命放在至高无上的地位，使珍爱生命、尊重生命的理念，深入人心啊！

最后，需要指出的是，"宁为玉碎，不为瓦全"是一种"非此即彼"的极端思维模式，当它罩上气节、骨气的光环时，就会形成一股盲目的力量，淹没一个民族的理性。"文革"时期，"四人帮"利用这种极端思维模式，提出"宁要社会主义的草，不要资本主义的苗"这样荒唐的口号，致使我们社会主义事业一时荒草萋萋，一片凄凉。对方辩友，请用你们清明的理性听听我们的心声，我们反对的不是玉碎，而是反对"宁为玉碎"这种极端思维方式。

综上所述，我方认为，宁为瓦全不为玉碎！

海马爸爸教你说
辩论的技巧
▼

激将法

是指通过一定的言行刺激对方，激发对方的某种情感，引起对方的情绪波动、心态变化，并且这种波动和变化都是朝着自己一方所期望的目标和方向发展的一种心理战术。

针锋相对法

是指针对论辩对方的辩论辩术，组织强有力的反攻，面对面地直接地加以辩驳。

顺水推舟法

按照对方的思维模式依势顺推，或以对方的核心论点为前提进行推理，出人意料地表达出自己的某种思想的一种方法。

假装糊涂法

此种方法又被称为大智若愚法，它是指对对方的谬论假装糊涂，好像没有发现他的本意，故作曲解，体面地从困境中解脱出来。

模糊应对法

有一些特殊场合，往往碰到一些不便直接回答但又不能不回答，一时无法回答但又必须回答的问题。这时如果运用精确的语言往往表达不了我们的思想感情，此时模糊应对便派上了大用场。

声东击西法

为了达到辩论的目的，不直接表述目的，而是从相反的方面入手，这就是论辩中的声东击西技巧。"东"是明说，"西"是暗指；"声东"是假相，"击西"是目的。

类比推论法

在客观世界中，任何事物都有着与其他事物相同或相似的属性。类比推论就是在考察两类事物某些相同或相似属性的基础上，推断出它另外的属性也相同或相似的论辩方法。

因果论证法

事情发生的原因和出现的结果有着必然的联系，根据这种联系，可以用结果证明原因的必然性，也可以用原因证明结果的必然性。

两难推理法

两难法，是指竭尽所有可能，令对手无论承认哪一种可能都必然失败的论辩方法。运用两难法，常常令对手进退不得。

模拟法庭

02 *MONI FATING*

法庭是决定人命运的地方，辩护律师是决定委托人命运的人。法庭上，原告、被告慌张失措，律师却成竹在胸，将人证物证一一驳倒，令法官和陪审团都为之动容。如果律师站在受害人一方，自然皆大欢喜；如若站在加害人一方，不禁让人捏一把冷汗。也许律师无法决定自己站在哪一方，但律师有律师的职业操守，那就是法律至上，法律从来只为正义辩护，不替罪恶开脱。

看看别人怎么说
雄辩艺术杰作
▼

公元前330年，鉴于德摩斯梯尼所做的贡献，雅典决定授予其金冠。但其政敌埃斯基涅斯等人却诬陷这是违法的。《金冠辩》是德摩斯梯尼的自我辩护演说，辩护例证翔实，逻辑严谨，被认为是历史上最成功的雄辩艺术杰作。下面是演说节选：

埃斯基涅斯，我可以下断言，你是利用这件事来显示你的口才和嗓门，而不是为了惩恶扬善。但是，埃斯基涅斯，一个演说家的语言和声调的高低并没有什么价值。能够以人民的观点为自己的观点，以国家的爱憎为自己的爱憎，这才有意义。只有心里怀着这点的人才会以忠诚的心来说每一句话。要是对威胁共和国安全的人阿谀奉承，同人民离心离德，那自然无法指望与人民一道得到安全的保障了。但是——你看到了吗——我却得到了这种安全保障，因为我的目标与我的同胞一致，我关注的利益跟人民一致。你是否也是这样呢？这又怎么可能？尽管众所周知，你原来一直拒绝接受出使腓力的任务，战后你却立刻就到腓力那里做大使了，那时给我们国家带来大难的罪魁祸首正是你。

是谁欺骗了国家？当然是那个内心所想与口头所说不一的人。宣读公告的人该对谁公开诅咒？当然是上述那类人。对于一个演说家来说，还有比心口不一更大的罪名吗？你的品格却正是这样。你还胆敢说话，敢正视这些人！你以为他们没有认清你吗？你以为他们昏昏沉睡或如此健忘，已忘记你在会上的讲话？你在会上一面诅咒别人，一面发誓与腓力绝无关系，说我告发你是出于私怨，并无事实根据吗？等到战争的消息一传来，你就把这一切都忘记了，你发誓表示和腓力很友好，你们之间存在友谊——其实这是你卖身的新代名词。埃斯基涅斯，你只是鼓手格劳柯蒂亚的儿子，怎能够在什么平等和公正的恳词下成为腓力的朋友或知交呢？我看是不可能的。不！绝不可能！你是受雇来破坏国人利益的。虽然你在公开叛变中被当场捉获，事后也受到了告发，却还以一些别的人都可能犯而我却不会犯的事来辱骂我，谴责我。

埃斯基涅斯，我们共和政体的许多伟大光荣事业是由我完成的，国家没有忘记我的业绩。以下事例就是明证：选举由谁来发表葬礼后的演说时，有人提议你，可是，尽管你的声音动听，人民不选你；也不选狄美法斯，尽管他刚刚达成和平，也不选海吉门或你们一伙的任何人，却选了我。你和彼梭克列斯以粗暴而又可耻的态度？慈悲的上天啊！列出你现在所举的这些罪状来谴责、辱骂我时，人民却更要选举我。原因你不是不知道，但我还要告诉你，雅典人知道我处理他们的事务时的忠诚与热忱，正如他们知道你和你们一伙的不忠。共和国昌盛时你对某些事物发誓拒认，国家蒙受不幸时，你却承认了。

因此，对于那些以共和国灾难来取得政治安全的人，我们的人民认为远在他们如此做时已是人民的敌人，现在则更是公认的敌人。对于那些向死者演说致敬、表扬烈士英勇精神的人，人民认为他不应和烈士为敌的人共处一室，同桌而食；他不该与杀人凶手一起开怀饮宴，并为希腊的大难唱欢乐之歌后，再来这里接受殊荣；他不该用声音来哀悼烈士的厄运而应以诚心吊唁他们。人民在我和他们自己身上体会得到这一点，却无法在你们任何人中寻得。因此他们选了我，不选你们，人民的想法如此，人民选出来主持葬礼的我同死者父兄的想法也一样。按照风俗，丧筵应该设在死者至亲家属中，但人民却命令将筵席设在我家。他们这样做有道理：因为单独来说，各人与死者的亲属关系要比我更密切，可是，对全体死者而言，却没有人比我更亲了。更深切关心他们安危成就的人，对他们死难的哀痛也最深。

海马爸爸教你说
辩护技巧
▼

先声夺势法

辩论一方对另一方可能提出的问题避而不谈，而对己方极有利的问题，先在论辩发言中全面论证，以达到先入为主，争取主动的庭辩战术。实践中，应用此法须在庭审前做好充分准备，且在庭审调查阶段对己方有利的事实、证据逐一认定。然后根据事实和证据，针对对方不正确的观点主动出击进行反驳，以期掌握辩论主动权，夺取制高点，促使对方陷入被动。

避实就虚法

庭审辩论中，对方的弱点往往是对方力求回避的地方，甚至对方会采用偷换论题、偷换概念、答非所问的方式，企图达到转移己方视线，扰乱视听的目的。因此，运用此法首先应善于抓住对方之"虚"，选择其薄弱环节连连进攻，一攻到底，直到把问题辩论清楚为止。

设问否定法

又称舌战偷渡法，指在设问时把辩论的目的深藏不露，绝不能让对方察觉设问的真正意图。尤其是第一问，一定要让对方在尚未了解发问意图的情况下予以回答，只要回答了第一个问题，下个问题就由不得他不回答了。等到对方自觉难以自圆其说时，后悔也来不及了。这种使对方处处被动、自打嘴巴的战术，不失为一种极有效的辩论手段。其结果只能是让对方在不自觉中接受设问方的观点，出其不意而辩胜。

间接否定法

在辩论中不直接把矛头指向对方，而是若无其事地将辩论对手的错误观点搁在一旁"置之不理"，郑重地从正面提出自己的独特见解，并充分论证。运用此法应注意两点：第一，自方所持观点应与对方所持观点势不两立。第二，自方观点应有理有据，绝不能牵强附会，哗众取宠。

示假隐真法

先举与本案无关的事实证据，运用掩盖真相或本意的语言技巧，形成对方的错觉，然后出其不意，突然出击，拿出自方真实有利的证据或观点，致对方于被动、措手不及的庭审辩术。

以退为进法

它是形式逻辑的归谬法在法庭辩论中的使用。自方先将对方提出的论题（或观点）假设为真，然后从这个假设为真的命题推导出一个或一系列荒谬的结论，从而得出原论题为假的辩论方法。此法是一种辩论性、反驳性很强的法庭辩论方法，因而推导得出的必然性结论，容易被接受，从而获得较好的辩论效果。

后发制人法

兵战与舌战之间有许多共同的规律，兵战中的战略战术，也可以用作辩论的对策。先发制人可以产生优势；后发制人则可以变被动为主动。由于后发，自方可以知道对方的基本观点，发现矛盾和弱点，然后以自己掌握的材料有针对性地集中进行反驳，有时可以导致对方措手不及而险象丛生。

图书在版编目（ＣＩＰ）数据

少年演说家 / 海马爸爸任二林著. –– 北京：中国
铁道出版社，2016.5
（海马爸爸金典教育）
ISBN 978-7-113-21479-1

Ⅰ.①少… Ⅱ.①海… Ⅲ.①演讲 – 语言艺术 – 少年
读物 Ⅳ.①H019-49

中国版本图书馆CIP数据核字(2016)第028921号

书　　名：少年演说家
作　　者：海马爸爸任二林 著

策划编辑：聂浩智
责任编辑：孟智纯
编辑助理：杨　旭
版式设计：左小文
责任印制：赵星辰

出版发行：中国铁道出版社（北京市西城区右安门西街8号　邮编：100054）
印　　刷：北京铭成印刷有限公司
版　　次：2016年5月第1版　　2016年5月第1次印刷
开　　本：880mm×1230mm　1/32　印张：7　字数：280千字
书　　号：ISBN 978-7-113-21479-1
定　　价：39.00元

海马爸爸少年演说家开课啦！

海马爸爸说：不是每一个人都可以成为领袖，但是每一位领袖都是一位演讲大师。

海马爸爸说：每个人都有表达的需求，但是没有人有必须倾听你的义务，少年演说家就是要让你的表达成为一种权利。

"少年演说家"是海马爸爸任二林通过20余年的讲坛经验积累，并学习诸多演讲大家们的精华，亲自撰写和录制课件，专门针对8～24岁青、少年演说的一套为期一年的课程。

咨询QQ：370230000

咨询电话：18201144778